MITI I SIZIFIT

DHE ESE TË TJERA

ALBER KAMY

LIBRASHQIP

Titulli origjinal:
Le Mythe de Sisyphe par Albert Camus

Botimi i I, 1942
ISBN 978-1-4478-0108-5

për Paskal Pia

O shpirti im, mos aspiro jetën e pavdekshme,
por shter kufijtë e të mundshmes.
-Pindar, Pythian iii

PËRMBAJTJA

Parathënie

Miti i Sizifit, është ese filozofike nga Alber Kamy *(Albert Camus)*, botuar në frëngjisht në 1942 si *"Le Mythe de Sisyphe"*. E botuar në të njëjtin vit me romanin "I Huaji" *(L'Étranger)*, Miti i Sizifit përmban një analizë të dhimbsur të nihilizmit bashkëkohor dhe prek natyrën e absurdit. Së bashku të dy veprat krijuan reputacionin e tij dhe ato shpesh shihen si plotësuese tematikisht.

I ndikuar nga filozofët *Søren Kierkegaard, Arthur Schopenhauer* dhe *Friedrich Nietzsche*, Kamy argumenton se jeta është në thelb e pakuptimtë, megjithëse njerëzit vazhdojnë të përpiqen të vendosin rend mbi ekzistencën dhe të kërkojnë përgjigje për pyetjet e papërgjigjshme. Kamy përdor legjendën greke të Sizifit, i cili është dënuar nga perënditë të rrokullis përjetësisht një gur në një kodër vetëm që ai të rrokulliset përsëri mbrapsht pasi ka arritur në majë, si një metaforë për luftën këmbëngulëse të individit kundër thelbësores, absurditeti i jetës. Sipas Kamy, hapi i parë që duhet të bëjë një individ është të pranojë faktin e këtij absurditeti. Nëse, për sa i përket Sizifit, vetëvrasja nuk është një përgjigje e mundshme, alternativa e vetme është të rebeloheni duke u gëzuar në aktin e rrokullisjes së gurit në kodër. Kamy më tej argumenton se me pranimin e gëzueshëm të luftës kundër disfatës, individi fiton definicion dhe identitet.

NJË ARSYETIM ABSURD

Absurdi dhe vetëvrasja

Ka vetëm një problem filozofik me të vërtetë serioz: vetëvrasja. Të tregosh nëse jeta ia vlen apo nuk ia vlen të jetohet, do të thotë t'i përgjigjesh pyetjes themelore të filozofisë. Të tjerat, nëse bota ka tri përmasa, nëse shpirti ka nëntë apo dymbëdhjetë kategori, vijnë më pas. Këto janë lojëra; në fillim duhet t'i përgjigjesh kësaj pyetjeje. Dhe, po qe e vërtetë ajo që thoshte Niçja se një filozof, për të qenë i respektuar, duhet të predikojë nëpërmjet shembullit të vet, kuptohet rëndësia e kësaj përgjigjeje, meqë ajo do t'i paraprijë veprimit përfundimtar. Këto të vërteta janë të kuptueshme për zemrën, po duhet t'i thellosh për t'i bërë të qarta për arsyen. Nëse do të kërkoj të dalloj një problem të ngutshëm nga një tjetër, duhet të marr parasysh veprimet që jam i detyruar të kryej. Asnjëherë nuk kam parë njeri të vdesë për hir të argumenteve ontologjike. Galileu, i cili zotëronte një të vërtetë shkencore të rëndësishme, e mohoi me shumë lehtësi sapo iu vu jeta në rrezik. Në njëfarë kuptimi, ai bëri mirë. Nuk ia vlente të humbje jetën në turrën e druve për këtë të vërtetë. Toka apo dielli rrotullohet rreth njëri-tjetrit, kjo gjë është pa interes. Me një fjalë, është një problem i kotë. Nga ana tjetër, kam vënë re se shumë njerëz i japin fund jetës, sepse mendojnë që nuk ia vlen të jetohet. Kam parë të tjerë, që paradoksalisht vriten për idetë ose iluzionet, të cilat i japin kuptim jetës së tyre (ajo gjë që quhet arsye për të jetuar është njëkohësisht një arsye e shkëlqyer edhe për të vdekur). Pra jam i mendimit se kuptimi i jetës është problemi më i ngutshëm. Si t'i përgjigjemi? Për të gjitha problemet thelbësore, këtu unë përfshij të gjitha ato që të bëjnë të vdesësh ose ato që shumëfishojnë dashurinë për jetën. ka me siguri dy metoda të menduari, ajo e La Palisës dhe ajo e Don Kishotit. Vetëm ekuilibri midis të vërtetave dhe lirizmit mund të na lejojë të përftojmë njëkohësisht emocion dhe qartësi. Pra, para një çështjeje të tillë, sa të thjeshtë aq dhe të ngarkuar me patetizëm, dialektika akademike dhe klasike duhet t'ia lëshojë vendin, merret me mend, një mënyrë të menduari më modeste që mbështetet sa në bon sens-in aq dhe në qëndrimin dashamirës.

Vetëvrasja gjithmonë është trajtuar si një dukuri shoqërore. Këtu, përkundrazi, është fjala, sa për fillim, për marrëdhënien midis mendimit vetiak dhe vetëvrasjes. Një veprim i tillë përgatitet në heshtjen e shpirtit, ashtu si dhe veprat e mëdha. Vetë njeriu nuk e di këtë. Një mbrëmje, ai tërheq këmbëzën ose hidhet në ujë. Një ditë, kur po më tregonin për një administrator banesash që kishte vrarë veten, më thonë se kishte ndryshuar shumë që nga vdekja e vajzës së tij para pesë vjetësh dhe se kjo ngjarje e kishte "gërryer nga brenda". Nuk mund të gjesh fjalë me të përpiktë. Të fillosh të mendosh do të thotë të fillosh të gërryhesh, shoqëna nuk luan ndonjë farë roli në fillim. Krimbi gjendet në shpirtin e njeriut. Aty duhet ta kërkosh. Këtë lojë të kobshme që të çon nga qartësia përballë ekzisteneës tek arratisja jashtë dritës, duhet ta gjurmosh dhe ta kuptosh.

Gjenden shumë shkaqe për një vetëvrasje dhe, në përgjithësi, ato më të dukshmet nuk kanë qenë më të efektshmet. Njeriu rrallë e vret veten (ndonëse kjo hipotezë nuk përjashtohet) duke arsyetuar. Kriza fillon me diçka që është pothuajse gjithmonë e pakontrollueshme.

Gazetat shpesh flasin për "brenga intime", ose për "sëmundje të pashërueshme". Këto shpjegime janë të vlefshme. Po mund të ndodhë që atë ditë një mik i njeriut, të dëshpëruar i ka folur ftohtë. Ky është fajtori, sepse vetëm kaq mund të mjaftojë për tu dhënë rrukullimën gjithë pakënaqësive dhe gjithë mërzitjeve që qëndronin pezull.

Por, nëse është e vështirë të gjendet çasti i saktë, përçapja e stërhollluar ku arsyeja ka zgjedhur vdekjen, është më e lehtë të nxjerrësh nga ky gjest rrjedhojat e tij. Të vrasësh veten, në një kuptim, si në melodrama, do të thotë të rrëfehesh. Të tregosh se ke mbetur prapa nga jeta ose që nuk e kupton. Megjithatë, të mos vazhdojmë me këto analogji t'u kthehemi fjalëve të zakonshme. Kjo do të thotë se pranon që jeta nuk ia vlen të jetohet. Të jetosh, natyrisht, nuk është kurrë e lehtë. Njerëzit vazhdojnë të bëjnë veprime që ua imponon ekzistenca për shumë arsye, nga të cilat e para është zakoni. Të vdesësh me dashje parakupton që e ke zbuluar qoftë edhe instinktivisht, karakterin qesharak të këtij zakoni, mungesën e çdo arsyeje të thellë për të jetuar, karakterin absurd të veprimtarisë së përditshme dhe kotësinë e vuajtjes.

Cila është, pra, kjo ndjenjë e pallogaritshme, që i largon shpirtit gjumin, aq të nevojshëm për jetën? Një botë që mund ta shpjegosh qoftë edhe me arsye të gabuara është botë e afërt. Po në të kundërtën në një gjithësi pa iluzione dhe pa të vërteta, njeriu ndihet i huaj. Ky mërgim është i pafund, meqë ka humbur kujtimet e atdheut të pagjendshëm ose shpresën e tokës së premtuar. Kjo ndarje e njeriut nga jeta e tij, e aktorit nga dekori i tij përbën ndjenjën e absurditetit. Meqë të gjithë njerëzit e shenjtë kanë menduar për vetëvrasjen e tyre, pa e zgjatur, kuptohet që ka një lidhje të drejtpërdrejtë midis kësaj ndjenje dhe tundimit drejt hiçit.

Tema e kësaj eseje është pikërisht marrëdhënia midis absurdit dhe vetëvrasjes, përcaktimi i saktë i masës që vetëvrasja shërben si zgjidhje për absurdin. Në parim, mund të thuhet se për një njeri të ndershëm, ato që i beson si të të vërteta duhet të përligjin veprimet e tij. Pra, besimi në absurditetin e ekzistencës duhet t'i prijë sjelljes së tij. Do të ishte një kureshtje e përligjur të dije qartë dhe pa lot të rremë, nëse një përfundim i tillë kërkon që të braktiset sa më shpejt një gjendje e pakuptueshme. Vetëkuptohet, këtu unë kam parasysh njerëz, që janë të prirur të pajtohen me vetveten.

I shtruar qartë, ky problem mund të duket njëherësh i thjeshtë dhe i pazgjidhshëm. Por gabimisht supozohet që pyetjet e thjeshta kërkojnë përgjigje të ngjashme dhe se fshati që duket nuk ka nevojë për kallauz. Apriori, dhe duke përmbysur të dhënat e problemit, si në rastin kur vret veten, ashtu edhe kur nuk e vret, duket se ekzistojnë vetëm dy lidhje filozofike, ajo që thotë po dhe ajo që thotë jo. Do të ishte gjë shumë e bukur. Por duhet të mos harrojmë ata, të cilët, pa arritur në përfundime, pyesin gjithmonë. Tani po bëj fare pak ironi: ata janë shumica. Vërej, gjithashtu, se ata që përgjigjen "jo", veprojnë sikur mendojnë të kundërtën. Në fakt, po të pranoja kriterin niçean, ata mendojnë "po", në një mënyrë ose tjetër. Përkundrazi, ata që vrasin veten, ndodh shpesh që të kenë rrokur kuptimin e jetës. Këto kontradikta janë të përhershme.

Madje mund të thuhet se asnjëherë nuk kanë qenë më të mprehta se në ato raste ku logjika, përkundrazi, duket qesharake. Është gjë e njohur krahasimi i teorive filozofike dhe i sjelljeve të atyre që i predikojnë. Por duhet të pranojrrië se miclis mendimtarëve që nuk kanë pranuar se jeta ka kuptim, askush, përveç Kirilovit që i përket letërsisë, Peregrinosit që lindi nga legjenda dhe Zhyl Lekjesë, partizan i hipotezës, nuk shkoi deri atje sa të mohonte kuptimin e jetës. Përmendet shpesh, për shaka, Shopenhaueri, i cili fliste për vetëvrasjen para një tavoline të mbushur plot. Këtu nuk ka aspak vend për tu tallur. Kjo mënyrë për të mos e marrë seriozisht tragjiken nuk është aq e rëndë, por ajo, më së fundi, bën portretin e njeriut që e ka përqafuar.

Para këtyre kontradiktave dhe paqartësive, a duhet të besojmë se nuk ka asnjë lidhje midis mendimit që dikush ka për jetën dhe veprimit të tij për ta braktisur? Të mos e teprojmë në këtë drejtim. Në lidhjen e njeriut me jetën gjendet diçka shumë më e fortë se të gjitha pakënaqësitë e botës. Gjykimi i trupit është i barazvlershëm me atë të shpirtit dhe trupi sprapset para asgjësimit. Ne e fitojmë zakonin e të jetuarit para atij të të menduarit. Në këtë garë, që na afron përditë nga pak drejt vdekjes, trupi ruan një distancë të përhershme. Së fundi, thelbi i kësaj kontradikte qëndron në atë çfarë do ta quaja shmangie, sepse është njëherësh edhe më pak edhe më shumë se harrimi i njeriut pas punëve të përditshme, në kuptimin paskalian të fjalës. Shmangia vdekje prurëse që përbën temën e tretë të kësaj eseje, është shpresa. Shpresa për një jetë tjetër që duhet "merituar" ose mashtrimi i atyre që e jetojnë jo për vete jetën, po për ndonjë ide të madhe që është më e rëndësishme se jeta, që e fisnikëron, i jep një kuptim dhe i tradhton.

Gjithçka ndihmon në shtimin e ngatërresave. Jo më kot deri tani është luajtur me fjalët dhe është bërë sikur besohet se mospranimi i idesë që jeta ka një kuptim të çon detyrimisht të pohosh se ajo nuk ia vlen të jetohet. Në të vërtetë, nuk gjendet asnjë masë e detyrueshme midis këtyre dy gjykimeve. Duhet vetëm të mos lejosh të mashtrohesh nga paqartësitë, papajtueshmëritë dhe inkonsekuencat e përmendura deri tani. Duhet të lemë gjithçka mënjanë dhe të merremi drejtpërdrejtë me problemin e vërtetë. Dikush vret veten sepse jeta nuk ia vlen të jetohet, – kjo pa dyshim është një e vërtetë shterpë, sepse është gjë mjaft e njohur. Por ky poshtërim i ekzistencës, ky përgënjeshtrim ku e ngujojmë, mos vallë vjen ngaqë ajo nuk ka asnjë kuptim? Apo mos absurditeti kërkon që t'i shpëtojmë nëpërmjet shpresës ose vetëvrasjes, ja se çfarë, duhet të tregojmë, të studiojmë dhe të ilustrojmë duke shmangur gjithçka tjetër. A sjell absurdi me vete vdekjen, këtij problemi duhet t'i jepet përparësi ndaj të tjerave, jashtë të gjitha metodave të të menduarit dhe të lojërave të fjalëve të kota. Nuancat, kundërritë, psikologjia që një mendje "objektive" di të fusë në të gjitha problemet, nuk kanë vend në këtë analizë dhe në këtë pasion.

Duhet vetëm një mendim i padrejtë, domethënë logjik. Nuk është gjë e lehtë. Gjithmonë është e pëlqyeshme të jesh logjik. Është pothuajse e pamundur të jesh logjik deri në fund. Njerëzit që vetëvriten ndjekin deri në fund rrjedhën e ndjenjave të tyre. Atëherë përsiatja për vetëvrasjen më jep rastin të shtroj të vetmin problem që më intereson: a ka ndonjë logjikë deri në vdekje? Këtë mund ta mësoj vetëm duke ndjekur pa pasione të sëmura, vetëm në dritën e fakteve, arsyetimin, origjinën e të cilit po e tregoj këtu. Këtë unë e quaj një arsyetim absurd. Shumë i kanë hyrë kësaj rruge. Nuk e di nëse ia kanë dalë mbanë.

Kur Kari Jaspersi zbuloi pamundësinë e unitetit të botës, tha: "Ky kufizim më kthen te vetvetja, atje ku nuk fshihem më prapa një pikëpamjeje objektive, të cilën vetëm e përfytyroj, atje ku as unë vetë, as ekzistenca e të tjerëve nuk mund të shndërrohet në objekt për mua", ai përmend, pas shumë të tjerëve, këto vende të shkreta dhe pa ujë, ku mendimi arrin në kufijtë e tij të skajshëm. Pas shumë të tjerëve, për këtë nuk ka dyshim, por sa shpejt që u larguan! Në këtë zhvillim të fundit ku arsyeja lëkundet, kanë arritur shumë njerëz dhe, midis tyre njerëz të thjeshtë. Ata heqin dorë nga gjëja më e shtrenjtë, nga jeta e tyre. Edhe të tjerë, me tituj të lartë fisnikërie në lëmin e arsyes, kanë hequr dorë, por ata kanë realizuar vetëvrasjen e mendimit të tyre, në një revoltë të pastër. Përkundrazi, përpjekja e vërtetë është të ngulmosh, për aq sa është e mundur, dhe të vëzhgosh nga afër lulëzirnin barok të këtyre zonave të largëta. Qëndrueshmëna dhe qartësia janë spektatore të privilegjuara të kësaj loje çnjerëzore ku absurdi, shpresa dhe vdekja shkëmbejnë replika. Kjo vallë është njëherësh e thjeshtë dhe e ndërlikuar, për rrjedhojë, arsyeja mund të analizojë figurat e saj para se t'i ilustrojë dhe ti përjetojë vetë.

Muret absurde

Ashtu si veprat e mëdha, ndjenjat e thella kanë gjithmonë një domethënie shumë më të madhe sesa duket që shprehin. Qëndrueshmëria e një ndjenje ose e një pakënaqësie brenda një shpirti, rishfaqet në veprimet dhe mendimet e përditshme, pasurohet në rrjedhime që vetë shpirti nuk i njeh. Ndjenjat e mosha shpalosin vetvetiu universin e tyre të shkëlqyer ose të mjeruar. Me dritën e tyre ndriçojnë një botë të vetën ku gjejnë klimë të përshtatshme. Ekziston një univers i xhelozisë, ambicies, egoizmit ose shpirtgjerësisë. Një univers, domethënë një metafizikë e një mënyre të menduari. Ajo që është e vërtetë për ndjenjat e specializuara duhet të jetë ende më shumë për emocionet, në thelb, të papërcaktuara, njëherësh, po aq konfuze dhe po aq të "sigurta" po aq të largëta dhe po aq të "pranishme" sa ato që na jep e bukura ose që zgjon absurdi.

Ndjenja e absurditetit, në çdo kthesë rruge, mund të godasë çdo njeri. Ashtu siç është, në lakuriqësinë e vet trishtuese, në dritën e saj pa rrezatim, kjo ndjenjë është e pakapshme. Për këtë vështirësi ia vlen të mendohesh. Ndoshta është e vërtetë që njeriu asnjëherë nuk mund të njihet dhe se gjithmonë gjendet tek ai diçka që nuk e kapim dot. Por, praktikisht, unë i njoh njerëzit, i njoh nga sjelljet e tyre, nga tërësia e veprimeve të tyre, nga rrjedhojat e qëndrimit të tyre në jetë. Po ashtu, të gjitha këto ndjenja irracionale, të paanalizueshme, unë mundem praktikisht t'i përcaktoj, praktikisht t'i vlerësoj, të mbledh shumën e rrjedhojave të tyre, sipas renditjes së arsyes, të rrok e të shënoj të gjitha pamjet e tyre, të ravijëzoj gjithësinë e tyre. Është e sigurt, me sa duket, se edhe po ta shoh njëqind herë të njëjtin aktor, personalisht nuk do ta njoh më mirë. Megjithatë, po të mbledh shumën e heronjve që ka mishëruar dhe nëse pohoj që e njoh pak më mirë pas personazhit të tij të njëqindtë, ndihet që këtu ka një pjesë vërtetësie, sepse ky paradoks i dukshëm është edhe ai një apologji. Ai ka një natyrë morale, e cila na mëson se një njeri përcaktohet njëlloj mirë nga komeditë e tij dhe nga shpërthimet e tij të sinqerta. Kështu ndodh, një shkallë më poshtë, me ndjenjat, të pakapshme në zemër, por pjesërisht të tradhtuara nga veprimet që nxisin dhe nga qëndrimet intelektuale që nënkuptojnë. Ndihet qartë se po përkufizoj, në këtë mënyrë, një metodë. Por ndihet gjithashtu që kjo metodë është analitike dhe aspak njohëse. Meqë metodat përmbajnë metafizikë, ato tradhtojnë, pa dashje, përfundimet që pretendojnë ngaherë që nuk i njohin ende. Për rrjedhojë, faqet e fundit të një libri gjenden që në fillim të tij. Kjo nyje është e pashmangshme. Metoda e përcaktuar këtu pohon që çdo njohje e vërtetë është e pamundur. Vetëm shfaqjet mund të shkoqiten dhe vetëm mjedisi mund të ndihet.

Këtë ndjenjë të pakapshme të absurditetit, ndoshta, mund ta rroknim në botët e ndryshme, veçse vëllazërore, të inteligjencës, të artit të të jetuarit ose fare shkurt të artit. Klima e absurditetit është në fillim. Fundi përfaqësohet nga gjithësia absurde dhe nga kjo mënyrë të menduari që ndriçon botën me një dritë të veçantë për të nxjerrë në pah fytyrën e saj të privilegjuar e të përkryer që ajo di t'i zbulojë.

Të gjitha veprat e mëdha dhe të gjitha mendimet e mëdha kanë një fillim të thjeshtë. Veprat e mëdha lindin shpesh në kthesën e një rruge ose në kthinat e një restoranti. Po kështu ndodh edhe me absurditetin. Bota absurde, më shumë se të tjerat, fisnikërohet nga kjo origjinë e mjerë. Në disa situata, heshtja para një pyetjeje mbi natyrën e mendimeve të tij mund të jetë një shtirje te ky njeri. Qëniet e dashuruara e dinë mirë këtë gjë. Por nëse kjo përgjigje është e sinqertë, nëse ajo na bën të përfytyrojmë atë gjendje të veçantë shpirtërore ku boshllëku bëhet elokuent, ku zinxhiri i veprimeve të përditshme është këputur, ku zemra kërkon më kot nyjen lidhëse, atëherë ajo është shenja e parë e absurditetit.

Ndodh që dekoret përmbysen. Zgjimi, tramvaji, katër orë punë në zyrë ose në uzinë, drekë, tramvaji, katër orë punë, darkë, gjumë, dhe e hënë, e martë, e mërkurë, e enjte, e premte dhe e shtunë me të njëjtin ritëm, kjo rrugë ndiqet lehtësisht shumicën e kohës. Vetëm se një ditë bëhet pyetja "përse" dhe gjjthçka brenda kësaj kapitjeje fillon të duket e çuditshme. "Fillon", këtu është fjalë e rëndësishme. Kapitja është në fund të veprimeve të një jete të vetvetishme, por në të njëjtën kohë, ajo përuron ecurinë e ndërgjegjes. E zgjon dhe shkakton vazhdimin. Vazhdimi është kthimi i pavetëdijshëm te zinxhiri, ose është zgjimi përfundimtar. Në fund të zgjimit me kohë vjen rrjedhoja: vetëvrasja ose shërimi. Në vetvete, kapitja, ka diçka të pështirë. Këtu më duhet të arrij në përfundimin se ajo është e mirë, sepse gjithçka fillon nga ndërgjegjja dhe ka vlerë vetëm nëpërmjet saj. Këto vërejtje nuk janë aspak origjinale. Po janë të vetëkuptueshme: kjo gjë mjafton për njëfarë kohe, me rastin e pranimit, në përgjithësi, të origjinave të absurdit. "Shqetësimi" i thjeshtë është në origjinë të gjithçkaje.

Po ashtu dhe për të gjitha ditët e një jete pa shkëlqim, koha na merr me vete. Por gjithmonë vjen një çast kur duhet ta mbajmë. Jetojmë në të ardhmen: "nesër", "më vonë", "kur të regullohesh", "kur të rritesh do ta kuptosh". Këto inkonsekuenca janë të admirueshme, sepse në fund të fundit bëhet fjalë kur të vdesësh. Megjithatë yjen një ditë dhe njeriu vëren se thotë se është tridhjetë vjeç. Kështu ai pohon rininë e vet. Por njëherësh përcaktohet në raport me kohën. Zë vend aty. Pranon se gjëndet në një çast të dhënë të një kurbe që e pranon se duhet ta përshkojë. Ai i përket kohës dhe te tmerri që e ka pushtuar ai sheh armikun e vet më të madh. Nesër, ai priste të nesërmen, kur gjithçka tek ai duhej ta kundërshtonte. Kjo revoltë e trupit është vetë absurdi.

Një shkallë më poshtë dhe gjendesh i habitur, kur vëren se bota është e "papërshkueshme", kur sheh në ç' pikë një gur është i huaj për ne, me çfarë force natyra, p.sh. një peisazh, mund të na mohojë. Në brendësi të çdo bukurie gjendet diçka çnjerëzore dhe këto kodra, butësia e qiellit, këto vizatime pemësh, të gjitha brenda një minute humbin përmbajtjen iluzore që ne u japim dhe janë për ne, këtej e tutje, të largëta më shumë se parajsa e humbur. Armiqësia primitive e botës në rrjedhën e mijëvjeçarëve vjen deri te ne. Për një sekondë, nuk e kuptojmë më meqë për shumë shekuj ne kemi kuptuar tek ajo figurat e vizatimet që paraprakisht i kemi vënë vetë, meqenëse këtej e tutje nuk kemi më forcë ta përdorim këtë artificë. Bota del jashtë kontrollit tonë meqë bëhet përsëri ajo që është. Këto dekore të maskuara nga veprimet tona të zakonshme, bëhen përsëri ato që janë. Largohen prej nesh. Po ashtu siç ka ditë kur te pamja e njohur e një gruaje shohim fytyrën e një të panjohure që kemi dashuruar para disa muajsh ose vitesh, ndoshta do të kërkonim të mbeteshim papritur vetëm. Por koha nuk ka ardhur ende. Vetëm një gjë. Kjo papërshkueshmëri dhe kjo tëhuajtje e botës është përsëri vetë absurdi.

Njerëzit, gjithashtu, prodhojnë jonjerëzoren. Në disa çaste qartësie, aspekti mekanik i veprimeve të tyre, pantomimat e tyre të pakuptimta bëjnë idiote gjithçka që i rrethon. Një njeri flet në telefon brenda në kabinë, nuk dëgjohet, po shohim mimikën e tij të parëndësishme: pyesim veten përse jeton. Ky shqetësim përballë natyrës çnjerëzore të vetë njeriut, kjo rënie e pallogaritshme para figurës sonë, kjo "neveri", siç e quan një shkrimtar i ditëve tona, është gjithashtu absurdi. Po ashtu, i panjohuri, i cili, në disa sekonda, vjen të na takojë në pasqyrë, vëllai i dashur dhe megjithatë shqetësues që shohim në fotografitë tona, është gjithashtu absurdi.

Më në fund, arrita te vdekja dhe te ndjenja që kemi ndaj saj. Për këtë pikë është thënë gjithçka dhe është mirë të ruhesh nga patetika. Megjithatë, gjithmonë do të habitemi ngaqë të gjithë jetojnë sikur askush të mos e "njihte". Kjo ndodh, në fakt, sepse nuk ekziston përvoja e vdekjes. Në kuptimin e mirëfilltë është eksperimentuar vetëm çfarë është jetuar dhe është bërë e ndërgjegjshme. Këtu mund të flitet me shumë vështirësi vetëm për përvojën e vdekjes së të tjerëve. Është një zëvendësim, një pikëpamje, për të cilën ne asnjëherë nuk jemi shumë të bindur. Ky konvencion melankolik nuk mund të jetë bindës. Tmerri, në fakt, vjen nga aspekti matematik i ngjarjes. Nëse koha na frikëson kjo ndodh sepse ajo bën parashtrimin, ndërsa zgjidhja vjen më pas. Këtu të gjitha fjalimet e bukura për shpirtin do të marrin, të paktën për një kohë, një provë aritmetike për të kundërtën e tyre. Nga ky trup i palëvizshëm ku një pëllëmbë nuk lë gjurmë, shpirti është zhdukur. Ky aspekt elementar dhe përfundimtar i aventurës përbën përmbajtjen e ndjenjës së absurdit. Nën ndriçimin e kobshëm të këtij fati shfaqet kotësia. Asnjë moral, asnjë përpjekje nuk janë apriori të përligjura përballë matematikave të përgjakshme që komandojnë gjendjen tonë jetësore. Edhe një herë, të gjitha këto janë thënë e stërthënë.

Edhe një herë, të gjitha këto janë thënë e stërthënë. Këtu po mjaftohem me një klasifikim të shpejtë dhe po tregoj temat e njohura. Ato takohen në të gjitha letërsitë dhe në të gjitha filozofttë. Bisedat e përditshme ushqehen me ta. Nuk ka nevojë t'i rishpikim. Por duhet të sigurohemi për këto gjëra të njohura që më vonë të shtrojmë çështjen themelore. Ato që më interesojnë, po e përsëris prapë, nuk janë zbulimet absurde, po rrjedhojat e tyre. Por të jesh i sigurt për këto fakte, në çfarë përfundimi duhet arritur, deri ku të shkohet me qëllim që të mos studiohet asgjë? A duhet vdekur vullnetarisht, apo të vazhdohet të shpresohet? Më parë është e nevojshme të kryhet i njëjti parashtrim i shpejtë në rrafshin e arsyes.

Përçapja e parë e mendjes është të shquajë të vërtetën nga gënjeshtra. Megjithatë, sapo mendimi gjykon vetveten, që në fillim zbulon një kontradiktë. Eshtë e kotë të përpiqemi të jemi bindës. Prej shekujsh, askush nuk e ka arsyetuar këtë çështje më qartë e më hijshëm sesa Aristoteli: "Rrjedhoja shpesh e përqeshur e këtyre opinioneve është se ato vetëshkatërrohen. Duke pohuar se gjithçka është e vërtetë, ne pohojmë të vërtetën e pohimit të kundërt dhe për rrjedhojë, pavërtetësinë e vetë tezës sonë (sepse pohimi i kundërt nuk lejon që ajo të jetë e vërtetë). Dhe nëse themi që gjithçka, është e rreme, ky pohim është gjithashtu i rremë. Në qoftë se, deklarojmë se i rremë është vetëm pohimi i kundërt me tonin ose që vetëm yni nuk është i rremë, atëherë jemi të detyruar të pranojmë një numër të pakufi gjykimesh të vërteta ose të rreme. Ai që bën një pohim të vërtetë, shqipton në të njëjtën kohë se ai është i vërtetë, dhe kështu me radhë deri në pafundësi".

Ky rreth i mbyllur është i pari në një seri, ku mendja që gjykon vetveten përhumbet në një kthesë marramendëse. Vetë thjeshtësia e këtyre paradokseve bën që ato të jenë të pazgjidhshme. Cilatdo qofshin lojërat e fjalëve dhe akrobacitë e logjikës, të kuptosh do të thotë, para së gjithash, të njehsosh. Dëshira e thellë e vetë arsyes në përçapjet e saj më të përparuara takohet me ndjenjën e pëvetëdijshme të njeriut përballë gjithësisë: ka nevojë për familjaritet, dëshirë për qartësi. Për një njeri, të kuptojë botën do të thotë ta sjellë në përmasat e njerëzores, t'i vejë vulën e vet. Gjithësia e maces nuk është gjithësia e milingonës. Thënia e njohur se "çdo mendim është antropomorfik" ka pikërisht këtë kuptim. Po ashtu, arsyeja që kërkon të kuptojë realitetin mund të kënaqet vetëm kur e sjell në përmasat e mendimit. Në qoftë se njeriu do të pranonte që edhe gjithësia mund të dashurojë e të vuajë, do të pajtohej. Nëse mendimi do të zbulonte në pasqyrat ndryshuese të dukurive marrëdhënie të përjetshme që mund t'i përmbledhë dhe të përmblidhen vetë në një parim të vetëm, mund të flitej për një lumturi të arsyes, para së cilës miti i njerëzve të lumtur do të dukej një imitim qesharak. Kjo nostalgji për unitet, kjo përpjekje drejt absurdes ilustrojnë lëvizjen thelbësore të dramës njerëzore. Por që kjo nostalgji është fakt nuk do të thotë që duhet të kënaqet menjëherë. Përndryshe, në qoftë se, duke kapërcyer greminën që ndan dëshirën nga realizimi i saj, ne ripohojmë pas Parmenidit realitetin e Një- shit (cilido qoftë), ne biem në kontradiktën qesharake të një arsyeje që pohon unitetin tërësor dhe provon me anë të vetë pohimit të saj veçantinë e vet dhe ndryshimin që pretendonte të zgjidhte. Ky rreth tjetër i mbyllur mjafton për të shuar shpresat tona.

Edhe këto janë gjëra të njohura. Po e përsëris prapë që ato nuk janë interesante në vetvete, por për përfundimet që mund të nxirren. Njoh edhe një të vërtetë tjetër: ajo më thotë se njeriu është i vdekshëm. Megjithatë, janë me numër ato mendje që kanë nxjerrë nga kjo përfundimet e fundme. Në këtë ese, duhet ta përfillim si një referencë të përjetshme hendekun e përhershëm midis asaj që pandehim se dimë dhe asaj që dimë realisht, pranimin praktik dhe padijen e shtirur që na shtyn të jetojmë me idera, të cilat, po t'i kishim me të vërtetë, duhej të përmbysnim të gjithë jetën tonë. Para kësaj kontradikte të pazgjidhshme të mendjes ne rrokim pikërisht divorcin që na ndan nga krijimet tona. Për aq kohë sa arsyeja do të heshtë brenda botës së palëvizshme të shpresave tona, gjithçka pasqyrohet dhe organizohet në unitetin e nostalgjisë së saj. Por që në lëvizjen e saj të parë, kjo botë plasaritet dhe shembet, një pafundësi ndriçimesh vezulluese shfaciet para njohjes. Duhet të humbim çdo shpresë për të arritur ndonjëherë të stisim pamjen e njohur e të qetë që do të na siguronte qetësinë shpirtërore. Pas shumë shekujve kërkimesh, pas shumë dijetarëve që janë tërhequr, ne e dimë mirë se kjo gjë është e vërtetë për të gjithë njohjen tonë. Po të përjashtojmë racionalistët profesionistë, sot nuk besohet se mund të arrihet njohja e vërtetë. Në qoftë se do të duhej të shkruhej e vetmja histori domethënëse e mendimit njerëzor, ajo do të ishte histori e pendimeve të tij të njëpasnjëshme dhe e pafuqisë së tij.

Për cilin dhe për çfarë mund të them: "E njoh!"? Këtë zemër brenda vetes, unë mund ta ndiej dhe të pohoj se ekziston. Këtë botë, unë mund ta prek dhe të them se ajo ekziston. Këtu përfundon e gjithë shkenca ime, pjesa tjetër është spekulim (konstruksion). Po të përpiqesha të rrokja "unin" tim, për të cilin jam i sigurt se ekziston, po të përpiqesha ta përkufizoja, ta përmblidhja, në thelbin e vet, do të shihja se është ujë që më rrëshqet nëpër gishta. Unë mund të vizatoj një nga një të gjitha pamjet që ai di të marrë, të gjitha pamjet që i kanë dhënë të tjerët, edukatën, origjinën, vrullin apo heshtjen, madhështinë ose poshtërsinë e tij. Kjo zemër e imja do të më mbesë përgjithmonë e panjohur. Midis sigurisë që kam për ekzistencën time dhe përmbajtjen që përpiqem t'i jap kësaj sigurie, hendeku nuk do të mbushet kurrë. Unë do të jem përgjithmonë i huaj për vetveten. Në psikologji, si dhe në logjikë ka të vërteta, por kjo nuk është aspak e vërteta. Thënia e Sokratit "Njih vetveten" ka po aq vlerë sa dhe "Ji i virtytshëm" i rrëfyesve tanë. Ato dëshmojnë për nostalgjinë dhe, në të njëjtën kohë, për padijen tonë. Këto janë lojëra shterpë mbi problemet e mëdha. Ato janë të përligjura vetem në atë masë që ato janë të përafërta.

Shihni këto pemë, unë e njoh ashpërsinë e tyre, marrim ujin dhe unë e provoj shijen e tij. Aromën e barit, yjet, netët, disa mbrëmje kur zemra çtendoset, si mund ta mohoj këtë botë; fuqinë dhe forcën e së cilës, unë e provoj? Megjithatë e gjithë dituria e kësaj bote nuk më ndihmon aspak që të më sigurojë se kjo botë është imja. Ju ma përshkruani dhe më mësoni ta klasifikoj. Ju më nurnëroni ligjet e saj dhe unë, i etur për dije, i pranoj si të vërteta. Ju zbërtheni mekanizmin e saj dhe tek unë shpresa rritet. Në fund, ju më mësoni se kjo gjithësi madhështore dhe e larmishme përbëhet nga atome dhe vetë atomi përbëhet nga elektrone. Të gjitha këto janë të drejta dhe unë pres që ju të vazhdoni më tej. Por ju më flisni për një sistem planetar të padukshëm ku elektronet vërtiten rreth një bërthame. Ju ma shpjegoni këtë botë me anë të një figure.

Atëherë unë vërej se keni hyrë në lëmin e poezisë, që nuk do ta njoh kurrë. A kam kohë që të zemërohem? Ndërkohë ju keni ndërruar teori. Kështu shkenca, e cila duhej të më mësonte gjithçka, bëhet hipotetike, qartësia shndërrohet në metaforë dhe pasiguria shndërrohet në vepër arti. Dhe përse m'u deshën aq shumë përpjekje? Konturet e buta të kodrave dhe dora e mbrëmjes mbi një zemër të brengosur më mësojnë shumë më tepër. Arrita atje ku u nisa. E kuptoj që nëse nëpërmjet shkencës mund të rrok dukuritë dhe t'i numëroj, nuk mundem, megjithatë, të kuptoj botën. Edhe sikur me gisht të përshkoja të gjithë reliefin e saj, përsëri nuk do ta njihja më mirë. Dhe ju më vini të zgjedh midis një përshkrimi që është i sigurt, por që nuk më mëson asgjë, dhe hipotezave që pretendojnë të më mësojnë, por që nuk janë aspak të sigurta. I huaj për vetveten dhe për botën, i armatosur përballë rreziqeve vetëm me një mendim që mohon vetveten sapo pohon, cila është ajo gjendje ku unë mund të jetoj i qetë vetëm duke mos pranuar të mësoj e të jetoj, ku dëshira për fitore ndeshet me pengesa që përballojnë sulmet e saj? Të dëshirosh do të thotë të nxisësh paradokse. Gjithçka është rregulluar në mënyrë të tillë që të lindë kjo paqe e helmatisur që sekretohet nga moskokëçarja, gjumi i zemrës ose vetëmohimet vdekjeprurëse.

Arsyeja, gjithashtu, më thotë, sipas mënyrës së vet, që bota është absurde. E kundërta e saj, që është arsyeja e verbër, më kot pretendon se gjithçka është e qartë. Unë prisja prova, dhe uroja që të kishte të drejtë. Por, pavarësisht nga gjithë ata shekuj me pretendime dhe pavarësisht nga gjithë ata njerëz elokuentë e bindës, unë e di që kjo është e rreme. Në këtë plan, të paktën, nuk ka aspak lumturi nëse unë nuk mund të di. Arsyeja e përbotshme, praktike ose morale, determinizmi, kategoritë që shpjegojnë gjithçka e bëjnë të qeshë njeriun e ndershëm. Ato nuk kanë lidhje me shpirtin. Mohojnë të vërtetën e tij të thellë që është të jetë i ndërvarur. Në këtë gjithësi të padeshifrueshme e të kufizuar fati i njeriut merr këtej e tutje kuptimin e vet. Një grup irracionalësh është ngritur dhe e rrethon deri në qëllimin e saj të fundit. Në largpamësinë e saj të rifituar ndjenja e absurdit ndriçohet e saktësohet. Po thosha që bota është absurde dhe u nxitova. Kjo botë në vetvete nuk është e arsyeshme, kjo është e gjitha që mund të thuhet. Por absurd është ballafaqimi i irracionales me dëshirën e paepur për qartësi, thirrja e së cilës tingëllon në thellësinë e njeriut. Absurdi varet sa nga njeriu, aq edhe nga bota. Për çastin, ai është e vetmja lidhje midis tyre. Ai i mpreh njërën te tjetri ashtu si vetëm urrejtja mund të lidhë qeniet. Kjo është e gjitha që mund të shquaj qartë në këtë gjithësi të pamasë ku aventura ime ndjek rrugën e saj. Le të ndalemi këtu. Në qoftë se unë mbaj për të vërtetë absurditetin që rregullon marrëdhëniet e mia me jetën, nëse përshkohem nga kjo ndjenjë që më pushton para shfaqjeve të botës, nga kthjelltësia që më jep studimi i një shkence, duhet të sakrifikoj gjithçka për këto të vërteta dhe duhet t'i shoh në sy për t'i ruajtur. Mbi të gjitha, duhet tu përshtas atyre sjelljen time dhe t'i ndjek deri në të gjitha njedhojat. Këtu është fjala për ndershmërinë. Por më parë do të doja të dija nëse mund të jetojë mendimi në këto shkretëtira. Tashmë e di që ai të paktën ka hyrë në këto shkretëtira. Aty gjen ushqimin e vet. Aty ka kuptuar se deri tani ushqehej me fantazma. Ai nxiti disa nga temat më të ngutshme të gjykimit njerëzor.

Nga çasti kur pranohet, absurditeti është një pasion nga më të dhembshmit. Por çështja që shtrohet është të dimë nëse njeriu mund të jetojë me pasionet e veta, nëse mund të pranohet ligji i tyre i thellë që është të djegë zemrën, së cilës, në të njëjtën kohë, ato i thurin lavde. Megjithatë, këtë çështje ne nuk do ta shtrojmë ende. Ajo është në qendër të kësaj përvoje. Do të kemi kohë t'i kthehemi. Më pare le të njihemi me temat, dhe me dëshirat e lindura nga shkretëtira. Do të mjaftonte t'i numërojmë. Ato gjithashtu, njihen nga të gjithë. Gjithmonë janë gjendur njerëz që kanë mbrojtur të drejtat e irracionales. Tradita e asaj që mund të quhet mendimi i poshtëruar asnjëherë, nuk ka pushuar së jetuari. Kritika e racionalizmit është bërë aq shumë saqë dukej se kishte marrë fund. Megjithatë, koha jonë ka lindur sisteme paradoksale që përpiqen të mbajnë në kërnbë arsyen sikur ajo të kishte ecur gjithmonë përpara. Por kjo nuk është provë as e efikasitetit të arsyes, as e gjallërisë së shpresave të saj. Në rrafshin historik, vazhdimësia e këtyre dy qëndrimeve dëshmon për pasionin e përjetshëm të njeriut, të cfilitur midis thirrjes së vet drejt unitetit dhe vizionit të qartë që mund të ketë për muret që e rrethojnë.

Por asnjëherë më shumë se në kohën tonë, sulmi kundër arsyes nuk ka qenë më i gjallë. Që prej thirrjes së madhe të Zaratustrës: "Rastësisht, ajo është gjëja fisnike më e lashtë e botës. Ua kam dhënë të gjitha gjërave kur thashë se sipër saj nuk qëndronte asnjë vullnet i amshuar", dhe që prej sëmundjes vdekjeprurëse të Kierkegardit "kjo e keqe që shkakton vdekjen dhe që s'lë gjë pas saj", temat domethënëse e torturuese të të menduarit absurd ndjekin njëra-tjetrën. Ose, të paktën, dhe kjo nuancë është e rëndësishme, temat e mendimit irracional e fetar. Nga Jaspersi te Hajdegeri, nga Kierkegardi te Shestovi, nga fenomenologët te Sheleri, në planin logjik e moral, një familje e tërë mendimtarësh, të afërt për nga nostalgjia, të kundërt për ng metodat ose qëllimet e tyre, janë përpjekur të bllokojnë rrrugën mbretërore të arsyes dhe të gjejnë rrugët e drejta të së vërtetës. Këtu këto mendime unë i quaj të njohura e të jetuara. Ciladoqofshin ose cilatdo të kenë genë synimet e tyre, të gjithë janë nisur nga ky univers i papërshkrueshëm ku mbretërojnë kontradikta, kundërtia, ankthi e pafuqia. E përbashkët për ta janë pikërisht temat e përmendura deri tani. Për ata, gjithashtu, rëndësi kanë, para së gjithash, përfundimet që kanë mundur të nxjerrin nga këto zbulime. Kjo ka aq shumë rëndësi saqë duhet të studiohen veç e veç. Por, për momentin, bëhet fjalë vetëm për zbulimet e tyre dhe përvojat e tyre fillestare. Është fjala vetëm që të vërehen përputhjet e tyre. Në qoftë se do të ishte mendjemadhësi të pretendoje të trajtoje filozofinë e tyre, është e mundur dhe e mjaftueshme, në të gjitha rastet, që të bëjmë të ndihet nga lexuesi klima e tyre e përbashkët. Hajdegeri e shikon me ftohtësi gjendjen njerëzore (condition humaine), dhe dëshmon se ekzistenca është e poshtëruar. I vetmi realitet në të gjithë shkallën e qënieve është "shqetësimi". Për njeriun e humbur nëpër botë e në angazhimet e saj, ky shqetësim është një lloj frike e shkurtër e rrëshqitëse. Por kur kjo frikë bëhet e ndërgjegjshme për vetveten, atëhere shndërrohet në ankth, gjendja e përjetshme e njeriut të kthjellët, "tek i cili ekzistenca gjen rrugën e humbur". Ky profesor filozofie shkruan pa iu dridhur dora dhe me një gjuhë që nuk ka si të bëhet më abstrakte se "karakteri i përfunduar dhe i kufizuar i ekzistencës njerëzore është më i rëndësishëm se vetë njeriu". Ai studion Kantin, por që të dëshmojë për karakterin e kufizuar të "Arsyes së kulluar" të tij, si dhe për të arritur në fund të analizave të veta në konkuzionin se "bota nuk mund t'i japë asnjë ndihmë njeriut në ankth". Ky shqetësim i duket se kapërcen në të vërtetë kategoritë e arsyetimit në atë masë saqë ai mendon dhe flet vetëm për të. Ai numëron pamjet e tij: të mërzitura kur njeriu i zakonshëm kërkon ta sheshoje brenda vetes dhe ta mpijë, të tmerruara kur mendja admiron vdekjen. Ai, gjithashtu, nuk e veçon ndërgjegjen nga absurdi. Ndërgjegja e vdekjes është thirrja e shqetësimit dhe, "atëherë ekzistenca i bën thirrje vetes nëpërmjet ndërgjegjes". Ajo është vetë zëri i ankthit dhe i kërkon ekzistencës që ta marrë veten nga shkrirja e saj në qenien anonime". Sipas tij, gjithashtu, nuk duhet fjetur dhe duhen mbajtur sytë hapur deri në konsumim. Ai reziston në këtë botë absurde dhe dëshmon për karakterin e saj të përkohshëm. Ai kërkon rrugën e vet midis gërmadhave.

Jaspersi nuk beson në asnjë ontologji sepse do që ne të humbim "naivitetin". Ai e di, se ne nuk mund të bëjmë asgjë që do të tejkalonte lojën e kobshme të shfaqjeve. Ai e di se fundi i arsyes është dështimi. Ai ndalet përgjatë aventurave shpirtërore që trashëgojmë nga historia dhe zbulon pa mëshirë të çarat e çdo sistemi, iluzionin që ka shpëtuar gjithçka, predikimin që nuk ka fshehur asgjë. Në këtë botë të rrënuar ku pamundësia e njohjes është vërtetuar, ku hiçi duket si i vetmi realitet, si dëshpërimi i pashpresë, si i vetmi qëndrim, ai përpiqet të gjejë fillin e Arianës qe të çon te sekretet hyjnore.

Shestovi, nga ana e tij, gjatë një vepre me monotoni të admirueshme, i dhënë pas të njëjtave të vërteta, provon parreshtur se sistemi më i përpunuar, racionalizmi më i përbotshëm gjithmonë do të përplaset me irracionalen e mendimit njerëzor. Asnjë nga të dhënat ironike, nga kontradiktat qesharake që nënvleftësojnë arsyen nuk shpëton nga kjo. Vetëm një gjë i intereson, dhe kjo është përjashtimi, qoftë ky i historisë së zemrës apo të mendjes. Nëpërmjet përvojave dostojevskiane të të dënuarit me vdekje, aventurave të dëshpëruara të shpirtit niçean, mailkimeve të Hamletit apo aristokracisë së hidhur të një Ibseni, ai zbulon, ndriçon e qartëson revoltën njerëzore kundër të pandreqshmes. Ai i hedh poshtë arsyet e arsyes dhe fillon të lëvizë me njëfarë sigurie në mes të kësaj shkretëtire pa ngjyra, ku të gjitha të vërtetat janë shndërruar në gurë.

Nga të gjithë, ndoshta më tërheqësi, Kierkegardi, të paktën për një pjesë të ekzistencës së vet, nuk mjaftohet me zbulimin e absurdit, por e jeton atë. Njeriu që shkruan se: "heshtja më e sigurt nuk është kur nuk hap gojë, po kur flet", sigurohet që në fillim se asnjë e vërtetë nuk është absolute dhe nuk mund të kënaqë një ekzistencë të pamundur në vetvete. Don Zhuan i njohjes, ai shumëfishon pseudonimet e kontradiktat, shkruan "Fjalime moralizuese" në të njëjtën kohë me doracakun e spiritualizmit cinik "Ditari i mashtruesit". Ai nuk pranon ngushëllihme, nuk njeh moral e parime të çdo lloji. Sëmbimet e zemrës as që bën përpjekje t'i qetësojë. Përkundrazi, ngacmon dhe nga gëzimi i dëshpëruar i një të kryqëzuari që është i kënaqur me gjendjen e vet, ndërton pak nga pak qartësinë, kundërshtimin, komedinë, një kategori të demoniakes. Kjo fytyrë, njëherësh e butë dhe ngërdheshese, këto ndryshime të shpejta të shoqëruara nga një klithmë e dalë nga fundi i shpirtit, është vetë shpirti absurd në ndeshje me një realitet që e tejkalon. Dhe aventura spirituale që e çon Kierkegardin te skandalet e tij, fillon gjithashtu brenda kaosit të një përvoje vetjake me këto dekore dhe rifiton inkoherencën fillestare.

Në një plan krejt tjetër, në atë të metodës, Hyserli dhe fenomenologët nga vetë teprimet e tyre e marrin botën në larminë e saj dhe mohojnë pushtetin transcendental të arsyes. Ata pasurojnë në mënyrë të pallogaritshme universin spiritual. Petalet e trëndatilit, gurët kilometrike ose dora e njeriut kanë po aq rëndësi sa edhe dashuria, dëshira apo ligjet e tërheqjes së tokës. Të mendosh nuk do të thotë të unifikosh, ta bësh shfaqjen të njohur nën figurën e një parimi të madh.

Të mendosh do të thotë të rimësosh të shohësh, të jesh i vëmendshëm, të udhëheqësh ndërgjegjen tënde, ta bësh çdo ide e çdo figurë, ashtu si Prusti, një vend të privilegjuar. Paradoksalisht, gjithçka është e privilegjuar. Mendimi përligjet vetëm nga ndërgjegjja e tij e skajshme. Megjithëse është më pozitive se te Kierkegardi ose Shestovi, përçapja hyserliane, në origjinë mohon metodën klasike të arsyes, zhgënjen shpresat, i hap intuitës dhe zemrës një shumim dukurish, sasia e të cilave ka diçka çnjerëzore. Këto rrugë të çojnë te të gjitha shkencat ose tek asnjëra. Kjo do të thotë që këtu mjeti ka më shumë rëndësi sesa qëllimi. Bëhet fjalë vetëm për "një qëndrim për të njohur", dhe jo për ngushëllim. Edhe këtë radhë të paktën në origjmë.

Si të mos e vësh re afrinë e thellë të këtyre mendjeve? Si të mos shohësh që ata grumbullohen përreth një ideje të privilegjuar e të hidhur, ku shpresa nuk ka vend. Unë dua që të më shpjegohet ose gjithshka ose asgjë. Dhe arsyeja është e pafuqishme përballë kësaj klithme të zemrës. Mendja e zgjuar nga kjo kërkesë kërkon dhe gjen vetëm kontradikta e lajthitje. Ajo gjë që nuk e kuptoj është me paarsyeshme. Bota është e populluar nga këta irracionalë. Vetë bota, domethnien unike të së cilës nuk e kuptoj, është një irracionalitet i pakufi. Sikur të mundnim të thonim vetëm një herë: "kjo është e qartë" dhe gjithçka do të shpëtohej. Por këta njerëz, kush e kush më shumë. shpallin se asgjë nuk është e qartë, gjithçka është kaos, që njeriu ruan vetëm kthjelltësinë e vet dhe njohjen e saktë të mureve që e rrethojnë.

Të gjitha këto përvoja përkojnë dhe takohen. Mendja, kur arrin në kufijtë e skajshëm, duhet të japë një gjykim dhe të zgjedhë përfundimet e saj. Aty gjenden vetëvrasja dhe përgjigjja. Por unë dëshiroj të përmbys renditjen e analizës dhe të nisem nga aventura spirituale për të arritur në veprimet e përditshme. Përvojat e përmendura këtu kanë lindur në shkretëtirë, të cilën nuk duhet ta braktisim. Të paktën duhet të dimë deri ku kanë shkuar. Në këtë pikë të përpjekjeve të veta, njeriu gjendet përballë irracionales. Ai ndien në vetvete dëshirën për lumturi e arsye. Absurdi lind nga ballafaqimi midis kushtrimit njerëzor dhe heshtjes së paarsyeshme të botës. Nuk duhet harruar kjo gjë. Te kjo duhet të kapemi, sepse prej këtej mund të lindin rrjedhojat e një jete. Irracionalja, nostalgjia njerëzore dhe absurdi që lind nga qëndrimi i tyre kokë më kokë, këto janë tri personazhet e dramës, e cila duhet t'i japë fund detyrimisht çdo logjike që mund të ekzistojë.

Vetëvrasja filozofike

Megjithatë, ndjenja e absurdit nuk është e barabartë me nocionin e absurdit. Ajo vetëm sa e krijon atë. Ajo nuk përmblidhet aty, veçse në çastin e shkurtër kur jep gjykim për gjithësinë. Më pas, i duhet të shkojë më tutje. Është gjallesë dmth që duhet të vdesë ose të përparojë. Kështu ndodh edhe me temat që kemi grumbulluar. Por edhe këtu nuk më interesojnë aspak vepra ose mendime, kritika e të cilave do të kërkonte një formë e një vend tjetër, po zbulimi i atyre gjërave që janë të përbashkëta në përfundimet e tyre. Asnjëherë më parë mendimet nuk kanë qenë më të ndryshme. Por, megjithatë, peisazhet mendore ku ato lëvizin, ne i marrim si të njëjta. Po ashtu, nëpërmjet shkencave aq të ndryshme, klithma që mbyll itinerarin e tyre tingëllon në të njëjtën mënyrë. Ndihet qartë se për këto mendje ekziston një klimë e përbashkët. Të thuash se kjo klimë është vdekjeprurëse është vetëm paksa një lojë fjalësh. Të jetosh nën këtë qiell mbytës, je i detyruar ose të dalësh ose të qëndrosh brenda. Çështja është të dimë se si dilet në rastin e parë dhe përse qëndron aty në rastin e dytë. Kështu, unë përkufizoj problemin e vetëvrasjes dhe të interesimit që mund të tregojmë për përfundimet e filozofisë ekzistenciale.

Paraprakisht, dua të shmangem për një çast nga rruga e drejtë. Deri tani kemi mundur ta përshkruajmë absurdin se jashtmi. Megjithatë mund të kërkojmë të dimë se çfarë do të thotë saktësisht ky nocion dhe të përpiqemi të gjejmë me anë të analizës së drejtpërdrejtë domethënien e tij nga njëra anë, dhe, nga ana tjetër, rrjedhojat që shkakton.

Nëse akuzoj një të pafajshëm për një krim të përbindshëm, nëse unë i pohoj një njeriu të virtytshëm se i ka vënë syrin motrës së vet, ai do të më përgjigjej se kjo është absurde. Zemërimi i tij ka anën e vet komike. Por ka edhe arsye të thella. Njeriu i virtytshëm me përgjigjen e vet ilustron kundërtinë përfundimtare që ekziston midis aktit që unë i vesh, dhe parimeve të gjithë jetës së tij. "Është absurde" do të thotë "është e pamundur", por edhe "është kontradiktore". Në qoftë se unë shoh një njeri duke sulmuar me armë të ftohtë një grup mitralierësh, do të mendoj se veprimi i tij është absurd. Por ky veprim është i tillë vetëm për shkak të shpërpjesëtimit që ekziston midis qëllimit të tij dhe realitetit që e pret, të kontradiktës që unë mund të shquaj midis forcës së tij reale dhe qëllimit që i ka vënë vetes. Po ashtu, ne e vlerësojmë një dënim si absurd duke e ballafaquar me një dënim që në dukje është i merituar. Po ashtu një vërtetim me metodën e absurditetit kryhet duke krahasuar rrjedhimet e këtij arsyetimi me realitetin logjik që kërkohet të krijohet. Në të gjitha këto raste, nga më e thjeshta te më e ndërlikuara, absurditeti do të jetë përherë e më i madh në varësi të zmadhimit të distancës ndarëse midis elementëve të krahasimit tim. Ka martesa absurde, sfida, mëri, heshtje, luftëra si dhe paqe. Për secilën nga këto, absurditeti lind nga një krahasim. Pra, kam të drejtë të them se ndjenja e absurditetit nuk lind nga hetimi i thjeshtë i një fakti ose një përshtypjeje, porse ai buron nga krahasimi midis një gjendjeje faktike dhe njëfarë realiteti, midis një veprimi dhe një bote që e tejkalon. Absurdi është në thelb një divorc. Ai nuk është tek asnjë nga dy elementët e krahasimit. Ai lind nga ballafaqimi i tyre.

Në rrafshin teorik, mund të them se absurdi nuk është brenda njeriut (nëse një metaforë e tillë mund të kishte kuptim), as te bota, por në praninë e tyre të përbashkët. Për çastin, ai është e vetmja lidhje që i bashkon. Nëse dëshiroj tu përmbahem gjërave të njohura, unë e di se çfarë do njeriu, e di se çfarë i ofron bota dhe tani mund të them se di edhe çfarë i bashkon. Nuk kam nevojë të gërmoj më tutje. Një siguri e vetme i mjafton dijetarit. Problemi është që të nxirren të gjitha rrjedhimet e mundshme.

Rrjedhoja e menjëhershme është, në të njëjtën kohë, një rregull metode. Triniteti i përveçëm që krijojmë nuk i ngjan aspak një Amerike të sapozbuluar. Por ka të përbashkët me të dhënat e përvojës se është njëherësh pafundësisht i thjeshtë dhe pafundësisht i ndërlikuar. Një nga karakteristikat e para të tij, në këtë vështrim, është se nuk mund të ndahet. Të shkatërrosh një nga elementët e tij do të thotë ta shkatërrosh plotësisht. Absurdi nuk mund të ekzistojë jashtë mendjes njerëzore. Për rrjedhojë, absurdi, si çdo gjë tjetër, merr fund me vdekjen. Por nuk mund të ketë absurd jashtë kësaj bote. Dhe në vijim të këtij kriteri elementar, unë mendoj se nocioni i absurdit është thelbësor dhe se mund të përfillet si e vërteta ime e parë. Rregulli i metodës që përmenda më lart del këtu. Nëse unë vleresoj se një gjë është e vërtetë, duhet ta ruaj. Nëse mundohem të gjej zgjidhjen e një problemi nuk duhet, të paktën, të mos marr parasysh gjatë zgjidhjes një nga të dhënat e problemit. Për mua e vetmja e dhënë është absurdi. Problemi është të dimë se si të dalim prej andej dhe nëse vetëvrasja duhet të deduktohet nga absurdi. Kushti i parë dhe, në thelb, i vetmi në kërkimet e mia është të ruaj atë që më shtyp, të respektoj, për rrjedhojë, atë që unë e gjykoj thelbësore tek absurdi. Unë sapo e përkufizova si ballafaqim e ndeshje të ndërprerë.

Dhe duke i shkuar deri në fund kësaj logjike absurde duhet të pranoj se kjo ndeshje parakupton mungesën e plotë të shpresës (që nuk ka të bëjë fare me dëshpërimin) kundërshtimin e vazhdueshëm (që nuk duhet të ngatërrohet me dorëheqjen) dhe pakënaqësinë e ndërgjegjshme (që nuk mund ta barazonim me trazimin rinor). Gjithçka që shkatërron, zhduk ose avullon këto kërkesa (dhe në radhë të parë pëlqimin që shkatërron papajtueshmërinë) rrënon absurdin dhe zhvlerëson qëndrimin që mund të propozohej të mbahej në këtë rast. Absurdi ka kuptim vetëm në atë masë që kundërshtohet.

Ekziston një fakt i pakundërshtueshëm, që duket plotësisht i moralshëm, se njeriu është gjithmonë viktimë e të vërtetave të veta. Me t'i njohur, ai nuk mund të shkëputet prej tyre. Ky është një lloj haraçi që duhet të paguajë. Një njeri kur e pranon me ndërgjegje absurdin, lidhet me të përgjithmonë. Një njeri i pashpresë dhe i ndërgjegjshëm për këtë gjë, nuk i përket më së ardhmes. Kjo është e natyrshme. Por është gjithashtu normale që të përpiqet për tu shkëputur nga universi që e ka krijuar. Gjithçka e thënë më lart ka kuptim vetëm duke marrë parasysh këtë paradoks. Në këtë pikëpamje, do të ishte me shumë interes që të hetohej tani mënyra, me të cilën njerëzit që kanë njohur klimën absurde, nëpërmjet kritikës së racionalizmit, kanë çuar përpara rrjedhojat e tyre.

Ndërkaq, duke qëndruar brenda sferës së filozofive ekzistenciale, vërej se të gjitha, pa përjashtim, më rekomandojnë syrgjynin. Nëpërmjet një arsyetimi të veçantë duke u nisur nga absurdi mbi rrënojat e arsyes, në një gjithësi të mbyllur e të kufizuar nga njerëzorja, ata hyjnizojnë atë që i shtyp dhe gjejnë një arsye për të shpresuar në atë që i çarmatos. Kjo shpresë e detyruar është te të gjithë me thelb fetar. Meriton që të ndalemi më gjatë.

Këtu unë do të analizoj vetëm sa për ilustrim disa tema të veçanta të Shestovit e Kierkegardit. Por Jaspersi na jep, ndonëse duke e ekzagjeruar, një shembull tip të këtij qëndrimi. Kjo do të qartësojë edhe ato që vijojnë. Ai mbetet i pafuqishëm të realizojë transcendencën, i paaftë të zhbirojë thellësitë e përvojës dhe i ndërgjegjshëm për këtë univers të tronditur nga dështimi. A do të përparojë ose të paktën a do të nxjerrë mësime nga ky dështim? Nuk thotë asgjë të re. Te përvoja ai nuk ka gjetur asgjë veçse pohimin e pafuqisë së vet si dhe asnjë pretekst për të nxjerre në pah ndonjë parim të kënaqshëm. Megjithatë, pa justifikime, ai e thotë vetë kur, pohon njëherësh e menjëherë transcendencën, qënien e përvojës dhe kuptimin mbinjerëzor të jetës, kur shkruan se "Dështimi tregon, jashtë çdo shpjegimi e çdo interpretimi të mundshëm, jo hiçin, po qënien e transcedencës". Këtë qënie, e cila papritur, dhe nëpërmjet një veprimi të verbër të besimit njerëzor, shpjegon gjithçka, ai e përkufizon si "uniteti i pakonceptueshëm midis së përgjithshmes dhe së veçantës". Për rrjedhojë, absurdi shndërrohet në Perëndi (në kuptimin e gjerë të kësaj fjale) dhe në paaftësi për të kuptuar qënien, që ndriçon gjithçka. Asgjë nga ky arsyetim nuk mund të quhet e logjikshme. Mund ta cilësoj një hop. Dhe paradoksalisht, ne e kuptojmë këmbënguljen dhe durimin e pafund të Jaspersit për të bërë të pamundur përvojën e transtendentales, sepse sa më i rrëshqitshëm të jetë ky vlerësim i përafërt, aq më i kotë rezulton ky përkufizim dhe aq më shumë transcendenca është reale për të, meqë pasioni i tij për ta pohuar është pikërisht në raport të drejtë me distancën që ekziston midis pushtetit të tij për të shpjeguar dhe irracionalitetit të botës e të përvojës. Në këtë mënyrë, duket se Jaspersi këmbëngul në shkatërrimin e paragjykimeve të arsyes po me atë forcë që përdor për shpjegimin në mënyrë rrënjësore të botës. Ky apostull i mendimit të poshtëruar do të gjejë në fundin e skajshëm të poshtënmit atë që duhet për ripërtëritjen e qënies në thellësinë e saj.

Mendimi mistik na ka familjarizuar me këto veprime. Ato janë të ligjshme sa dhe çdo qëndrim tjetër mendor. Por, për çastin, unë po bëj sikur po marr seriozisht ndonjë problem. Pa paraglykim, për vlerën e përgjithshme të këtij qëndrimi, të pushtetit të tij mësimdhënës, unë dua vetëm të shoh nëse u përgjigjet kushteve që i kanë vënë vetes, nëse është i denjë për konfliktin që më intereson. Kështu arrita te Shestovi. Një komentues përmend një nga fjalët e tij që është me interes: "E vetmja zgjidhje e drejtë, thotë ai, gjendet pikërisht atje ku nuk ka rrugëkalim të lirë për gjykimin njerëzor. Përndryshe, përse do të kishim nevojë për Zotin? Ne e kthejmë vështrimin nga Zoti për të arritur të pamundurën. Sa për të mundshmen, njerëzit ia dalin mbanë vetë". Nëse ekziston një filozofi shestoviane, mund të them se ajo përmblidhet e gjitha në këto fjalë, sepse në përfundim të analizave të veta plot pasion, kur zbulon absurditetin themelor të çdo ekzistence, Shestovi nuk thotë

"Ja absurdi", por Ja Zoti: atij duhet t'i besojmë edhe në qoftë se ai nuk përkon me asnjë nga kategoritë tona racionale". Për të shmangur çdo keqkuptim të mundshëm, filozofi rus lë të nënkuptohet se ky zot është inatçi dhe i urryer, i pakuptueshëm e kontradiktor, por sa më i përbindshëm të duket me fytyrën e tij, aq me shumë pohon fuqinë e tij. Madhështia e tij është inkonsekuenca e tij. Prova e tij është jo njerëzorja. Duhet të zhytesh brenda tij dhe në sajë të këtij hopi të çlirohesh nga iluzionet racionale. Kështu për Shestovin pranimi i absurdit është bashkëkohës me vetë absurdin. Ta vëresh atë do të thotë ta pranosh dhe e gjithë përpjekja logjike e mendimit të tij është ta vërë në pah për të nxjerrë prej andej shpresën e madhe që bart me vete. Edhe një herë ky qëndrim është i ligjshëm. Por unë këtu ngul këmbë të merrem vetëm me një problem e me të gjitha rrjedhojat e tij.

Nuk më duhet të hetoj patetikën e një mendimi ose të një akti besimi. Kam në dispozicion të gjithë jetën për këtë gjë. E di që qëndrimi shestovian i duket irritues racionalistit. Por unë e ndiej gjithashtu, se Shestovi ka të drejtë kundër racionalistit dhe dua vetëm të di nëse u qëndron besnik kërkesave të absurdit.

Ndërkaq, në qoftë se pranohet që absurdi është e kundërta e shpresës, del se mendimi ekzistencial për Shestovin parakupton absurdin, por e tregon vetëm për ta prishur. Kjo mendjemprehtësi është një lojë patetike prej xhongleri. Kur Shestovi, nga ana tjetër, ia kundërvë absurdin e vet moralit të zakonshëm e arsyes, ai e quan këtë vërtetësi e shëlbesë. Pra, në bazë të këtij përkufizimi të absurdit gjendet miratimi i vetë Shestovit. Nëse do të pranonim, që i gjithë pushteti i këtij nocioni qëndron në mënyrën se si ai bie ndesh me shpresat tona elementare, nëse ndiejme që absurdi për të ekzistuar kërkon që të mos pajtohesh me të, atëhere shohim se ai e ka humbur pamjen e vet të vërtetë, karakterin e tij njerëzor e relativ dhe ka hyrë në një përjetësi njëherësh të pakuptueshme e të kënaqshme. Nëse absurdi ekziston, ai gjendet në universin e njeriut. Nga çasti kur nocioni i tij shndërrohet në trampolin të përjetësisë, ai nuk ka të bëjë më me qartësinë njerëzore. Absurdi nuk është më një e vërtetë që njeriu e vëren pa e pranuar. Ndeshja shmanget. Njeriu e përqafon absurdin dhe gjatë këtij bashkimi zhduk karakterin e tij thelbësor, qënien si kundërti, cfilitje dhe papajtueshmëri. Ky hop është një braktisje. Shestovi, i cili citon me qejf fjalët e Hamletit "The time is out of joint" e shpreh me një lloj shprese të egërsuar që mund ta quash si cilësi të tij të veçantë, sepse Hamleti nuk e shqipton dhe Shekspiri nuk e shkruan në këtë mënyrë. Dehja e irracionales dhe prirja ndaj ekstazës largojnë nga absurdi mendjet largpamëse e të kthjellëta. Për Shestovin arsyeja është e kotë, por kjo diçka përtej arsyes. Për një mendje absurde, arsyeja është e kotë dhe nuk ka asgjë përtej arsyes.

Ky hop të paktën mund të na hedhë dritë pak më shumë për natyrën e vërtetë të absurdit. Ne e dimë që ai ka vlerë brenda një ekuilibri, që ai gjendet, para së gjithash, te krahasimi dhe jo të elementët e krahasuara. Po Shestovi, pikërisht e kalon gjithë peshën mbi njërin nga elementët dhe shkatërron ekuilibrin. Uria jonë për të kuptuar, nostalgjia jonë për absoluten janë të shpjegueshme në atë masë që ne jemi në gjendje të kuptojmë shumë gjëra. Është e kotë të mohohet plotësisht arsyeja. Ajo ka vendin e vet, brenda të cilit është efikase. Dhe pikërisht brenda përvojës njërëzore. Ja përse ne duam të bëjmë të qartë gjithçka. Nëse nuk ia dalim mbanë, në qoftë se absurdi shfaqet në këtë rast, kjo ndodh në pikë takimin e kësaj arsyeje efikase, por të kufizuar, me irracionalen gjithmonë të ripërtëritshme. Ndërkaq, kur Shestovi nxehet me një fjali hegeliane të llojit "lëvizjet e sistemit diellor kryhen në përputhje me ligje të pandryshueshme dhe se këto ligje janë arsyeja e tij", kur me pasion shpërbën racionalizmin spinozian, arrin në përfundimin e drejtë të kotësisë së çdo arsyeje, nga ku nëpërmjet një kthese të natyrshme e të paligjshme, ai pranon përparësinë e irracionales. Por ky kalim nuk duket vetvetiu, sepse këtu mund të ndërhyjnë nocionet kufi dhe plan. Ligjet e natyrës mund të jenë të vlefshme deri në njëfarë kufiri, dhe, kur e kalojnë atë, kthehen kundër vetvetes duke bërë të mundur shfaqjen e absurdit. Ose ato mund të përligjen në planin përshkrimor, pa qenë megjithatë të vërteta në planin e shpjegimit. Këtu gjithçka i përkushtohet irraciolales dhe meqë kërkesa për qartësi shkatërrohet, absurdi zhduket bashkë me njërin nga elementët e krahasimit të vet. Njeriu absurd, përkundrazi, nuk kryen një nivelim të tillë. Al njeh ballafaqimin, nuk e përbuz aspak arsyen dhe pranon irracionalen. Me vështrimin e vet ai zotëron të gjitha të dhënat e përvojës dhe nuk është shumë i gatshëm të ecë përpara kuturu. Ai di vetëm se në ndërgjegjen kolektive nuk ka më vend për shpresën...

Këto përfundime janë ende më të ndjeshme te Kierkegardi, sigurisht, është e vështirë të rrokësh te një autor aq i pakapshëm ide të qarta. Por pavarësisht nga shkrime në dukje të kundërta, përmbi pseudonimet, lojërat e buzëqeshjet, në gjithë veprën ndihet të shfaget parandjenja (në të njëjtën kohë me frikën) e një të vërtete që arrin të shpërthejë në punimet e fundit: edhe Kierkegardi bën hopin. Kristianizmi, nga i cili kishte frikë në fëmijëri, merr më në fund fytyrën e vet më të ashpër. Edhe për të, kundërtia e paradoksi bëhen kritere fetare. Për rrjedhojë, ajo që e bënte të dëshpërohej për kuptimin e thellësinë e kësaj jete, tani i jep të vërtetën e qartësinë e saj. Kristianizmi është vetë skandali dhe ajo që kërkon Kierkegardi është sakrifica e tretë, për të cilën ka folur Injas de Luajola dhe për të cilën Zoti gëzohet më shumë: "Sakrifica e Intelektit". Ky efekt i "hopit" është i çuditshëm, por nuk duhet më të na befasojë. Ai e konsideron absurdin si kriterin e botës tjetër, kurse ai është vetëm një mbetje e përvojës së kësaj bote. "Në dështimin e vet, thotë Kierkegardi, besimtari gjen ngadhënjimin e tij".

Nuk më intereson të di se me çfarë parashikimi prekës lidhet ky qëndrim. Mua më duhet të di nëse shfaqja e absurdit dhe karakteristika e tij e mëvetësishme e përligjin. Në këtë pikë unë e di se kjo nuk ndodh. Po ta shikonim përsëri përmbajtjen e absurdit, do ta kuptonim më mirë metodën që e frymëzon Kierkegartin. Midis irracionaletit të botës dhe nostalgjisë kryengritëse të absurdit, ai nuk e ruan ekuilibrin. Ai nuk i respekton marrëdhëniet e tij, të cilat krijojnë në të vërtetë ndjenjën e absurditetit. I sigurt se nuk i shpëton dot irracionales, ai mundet, të paktën, të braktisë nostalgjinë e dëshpëruar që i dukej shterpë dhe pa rëndësi. Por nëse mund të ketë të drejtë në këtë pikë në gjykimin e vet, kjo gjë nuk është e vërtetë edhe për mohimin e tij. Në qoftë se ai e zëvendëson klithmën e vet të revoltës me një pranim të detyruar, ja tani i duhet të mos njohë absurdin që e udhëhoqi deri këtu dhe të hyjnizojë këtej e tutje të vetmen siguri që i ka mbetur, irracionalen. E rëndësishme, i thoshte prifti Galiani Zonës D'Epinej, nuk është të shërohesh, por të jetosh me sëmundjet e tua. Kierkegardi do që të shërohet. Të shërohet është urimi i tij i sforcuar që përshkon gjithë ditarin e tij. E gjithë përpjekja e inteligjencës së tij është t'i shpëtojë kundërtisë së gjendjes njerëzore. Përpjekje përherë e më e dëshpëruar në varësi të shkëndijave në kuptimin e kotësisë, për shembull kur flet për vete, sikur as frika nga zoti, as besimi nuk janë në gjendje t'i sigurojnë paqen. Në këtë mënyrë nëpërmjet një dredhie torturuese ai i jep irracionales pamjen e absurdit dhe perëndisë së vet vetitë e tij: i padrejtë, i pavendosur dhe i pakuptueshëm. Tek ai vetëm arsyeja përpiqet të shuajë kërkesat e thella të zemrës njerëzore. Meqë asgjë nuk është provuar, gjithçka mund të provohet.

Vetë Kierkegardi na tregon rrugën që ka ndjekur. Nuk dëshiroj të bëj këtu sugjerime, por si të mos shquash në veprat e tij shenjat e një gjymtimi pothuajse të vullnetshëm të shpirtit përballë gjymtimit të pranuar të absurdit. Ky është lajtmotivi i Ditarit "Çfarë më ka munguar? Kafsha që edhe ajo bën pjesë në njerëzimin e përcaktuar për... Por më jepni, pra, një trup". Dhe pak më poshtë: Ah! kryesisht në rininë time të hershme, çfarë nuk do të kisha dhënë për të qenë njeri, qoftë edhe gjashtë muaj... ajo që më mungon është, në thelb, një trup dhe kushtet fizike të ekzistencës". Gjetiu, i njëjti njeri përvetëson, megjithatë, klithmën e fortë të shpresës që ka përshkuar shekujt dhe ka gjallëruar aq zemra, përveç asaj të njeriut absurd. "Por për të krishterin, vdekja nuk është aspak fundi gjithçkaje dhe ajo ka shumë më tepër shpresë sesa ka për ne jeta, qoftë kur gëzojmë shëndet e forcë". Ripajtimi nëpërmjet skandalit vazhdon të jetë ripajtim. Ai lejon ndoshta, siç mund të vëmë re, ta nxjerrim shpresën nga e kundërta e saj që është vdekja. Po edhe në qoftë se simpatia na afron me këtë qëndrim duhet të them megjithatë se tejkalimi i masës nuk përligj asgjë. Thuhet se kjo e kapërcen masën njerëzore, pra duhet të jetë mbinjerëzore. Por fjala "pra" është e tepërt. Këtu nuk ka aspak siguri logjike. Nuk ka gjithashtu as propabilitet eksperimental. Gjithçka që unë mund të them është se kjo gjë, në të vërtetë e kapërcen masën time. Nëse nga kjo nxjerr ndonjë përfundim negativ, të paktën nuk dua të mbështes asgjë mbi të pakuptueshmen. Dua të di nëse unë mund të jetoj me ato gjëra që di dhe vetëm me këto. Thuhet se të kuptuarit duhet të heqë dorë nga krenaria dhe arsyeja të përulet. Por në qoftë se unë i pranoj kufizimet e arsyes, kjo nuk do të thotë që unë e mohoj, për më tepër kur pranoj pushtetin e saj relativ. Unë vetëm dua të qëndroj në rrugë të mesme ku të kuptuarit mund të mbetet i qartë. Nëse aty qëndron krenaria e tij, nuk shoh asnjë arsye të mjaftueshme që të më bënte të hiqja dorë. Nuk ka gjë më të thellë se pikëpamja e Kierkegardit, sipas së cilës dëshpërimi nuk është fakt, po gjendje: vetë gjendja e mëkatit. Sepse vetëm mëkati të largon nga Zoti. Absurdi, i cili është gjendja metafizike e njeriut të ndërgjegjshëm, nuk të çon te Zoti.

Ndoshta ky nocion do të bëhej më i qartë nëse do të kuturisja këtë marrëzi: absurdi është mëkati pa Perëndinë. Në këtë gjendje të absurdit bëhet fjalë për të jetuar. Unë e di se ku bazohen kjo frymë dhe kjo botë të mbështetura njëra kundrejt tjetrës pa mundur të përqafohen. Kërkoj të gjej rregullën e jetës së kësaj gjendjeje dhe ajo çfarë më propozojnë të tjerët nënvleftëson bazën e saj, mohon një nga elementët e kundërtisë së dhembshme, më këshillon të dorëzohem. Dua të di se çfarë më rezervon gjendja që e kam pranuar si timen, e di se ajo nënkupton errësirën e padijen dhe dikush më siguron se kjo padije shpjegon gjithçka dhe që kjo errësirë është drita ime. Por kjo nuk i përgjigjet synimit tim dhe ky lirizëm ekzaltues nuk mund të më fshehë paradoksin. Pra, duhet të largohem prej andej. Kierkegardi mund të klithë, të paralajmërojë: "Nëse njeriu nuk do të kishte ndërgjegje të amshuar, nëse, në thellësi të çdo gjëje do të kishte vetëm një forcë të pabindur e që zjen, e cila prodhon çdo gjë, të rëndësishme e të panevojshmen në vorbullën e pasioneve të errëta, nëse boshllëku i pafund që asgjë nuk mund të mbushë, do të fshihej prapa sendeve, çfarë do të ishte jeta përveç dëshpërimit?". Kjo klithmë nuk ka forcë të ndalë njeriun absurd. Të kërkosh të vërtetën nuk do të thotë të kërkosh atë që dëshiron. Nëse për t'iu shmangur pyetjes munduese "Çfarë do të ishte, pra, jeta?" duhet, ashtu si gomari, të ushqehemi me trëndafilat e iluzionit, më mirë sesa t'i nënshtrohemi gënjeshtrës, mendja absurde parapëlqen të përvetësojë pa mëdyshje përgjigjen e Kierkegardit: "dëshpërimi". Po ta mendojmë mirë, një shpirt i vendosur gjithmonë do të arrijë të përshtatet.

I lejoj vetes ta cilësoj qëndrimin ekzistencial si vetëvrasje filozofike. Por kjo nuk parakupton ndonjë gjykim. Është një mënyrë e volitshme për të shënuar lëvizjen, nëpërmjet së cilës një mendim mohon vetveten dhe synon të kapërcejë vetveten me atë çfarë është mohim i tij. Për ekzistencialët, mohimi është Perëndia e tyre. Pikërisht kjo perëndi mbrohet vetëm nëpërmjet mohimit të arsyes njerëzore. Por ashtu si vetëvrasjet, perënditë ndryshojnë bashkë me njerëzit. Ka shumë mënyra për tu hedhur, po thelbi është të hidhesh. Këto mohime shëlbuese, këto kontradikta të fundme, të cilat pohojnë pengesën që ende nuk është kapërcyer, mund të lindin (ky aryetim synon të jetë paradoksal) nga një farë frymëzimi fetar, ashtu dhe nga racionalja. Ato pretendojnë të jenë të amshuara dhe vetëm në këtë gjë ato bëjnë një hop.

Duhet ta themi përsëri se arsyetimi që ndjek kjo ese lë plotësisht mënjanë qëndrimin mendor, më të përhapurin në shekullin tonë të ditur: atë që mbështetet në parimin se gjithçka është e arsyeshme dhe që përpiqet t'i japë shpjegim botës. Është e natyrshme të japësh një ide të qartë për të kur pranon se duhet të jetë e qartë. Kjo është madje e ligjshme, por nuk paraqet interes për arsyetimin që po ndjekim këtu. Qëllimi i tij në fakt është të hedhë dritë mbi përçapjen e mendjes, e cila, duke u nisur nga një filozofi e pakuptimësisë së botës, arrin t'i gjejë kuptim e thellësi. Më patetikja nga këto përçapje është me thelb fetar: ajo ilustrohet me temën e irracionales. Por më paradoksalja dhe më domethënësja e tyre, është ajo që jep arsyet e veta arsyetuese një bote, të cilën e përfytyronte fillimisht pa parim udhëheqës. Në të gjitha rastet nuk do të mund të merreshim me rrjedhojat, të cilat paraqesin këtu interes për ne, para se të krijonim një ide për këtë arritje të re të frymës së nostalgjisë.

Do të analizoj vetëm temën e "Pikësynimit" të futur në modë nga Huserli dhe fenomenologët. Këtu janë bërë aludime. Në fillim, metoda hyserliane mohon ecurinë klasike të arsyes. Po e përsërisim. Të mendosh nuk do të thotë të unifikosh, as të bësh të afërt shfaqjen nën pamjen e një parimi të madh. Të mendosh do të thotë të mësosh përsëri të shohësh, ta drejtosh ndërgjegjen, të konsiderosh çdo figurë si vend të privilegjuar. Me fjalë të tjera, fenomenologjia nuk pranon të shpjegojë botën, ajo kërkon të jetë vetëm një përshkrim i jetës. Ajo bashkohet me mendimin absurd në pohimin e saj fillestar se nuk ka një të vërtetë, po shumë të vërteta. Që nga flladi i mbrëmjes deri te dora e mbështetur në supin tim, çdo gjë ka të vërtetën e vet. Ndërgjegjja e ndriçon nëpërmjet qëllimit që i jep. Ndërgjegjja nuk krijon objektin e njohjes së vet, ajo vetëm ngulit, ajo është akti i përqëndrimit të vëmendjes dhe, po të shprehemi sipas një figure bergsoniane, ajo i ngjan aparatit të projektimit, i cili fiksohet menjëherë mbi një figurë. Dallimi është se nuk ka skenar, po një ilustrim vijues dhe inkonsekuent. Në këtë fener magjik, të gjitha figurat janë të privilegjuara. Ndërgjegjja mban pezull brenda përvojës objektet që i interesojnë. Me mrekullinë e saj ajo izolon. Nga ky çast, ato gjenden jashtë të gjitha gjykimeve. Ky është pikësynimi që karakterizon ndërgjegjen. Por kjo fjalë nuk përmban asnjë ide të qëllimshme; ajo duhet marrë në kuptimin e drejtimit: ka vetëm vlerë topografike.

Në pamje të parë, duket se asgjë nuk i kundërvihet mendjes absurde. Kjo thjeshtësi e sipërfaqshme e mendimit që mjaftohet të përshkruajë atë që nuk pranon ta shpjegojë kjo disiplinë e vullnetshme nga ku burojnë në mënyrë paradoksale pasurimi i thellë i përvojës dhe rilindja e botës në proliksitetin e saj, janë përçapje absurde. Të paktën në pamje të parë, sepse metodat e të menduarit në këtë rast si dhe gjetiu, marrin gjithmonë dy pamje, njërën psikologjike dhe tjetrën metafizike. Kështu ato ngërthejnë dy të vërteta. Nëse tema e pikësynimit synon të ilustrojë vetëm një qëndrim psikologjik, nëpërmjet të cilit realja do të shterohej në vend që të shpjegohej, asgjë nuk e ndan në fakt nga mendja absurde. Ajo synon të inventarizojë atë që nuk mund të kapërcejë. Ajo vetëm pohon se në kushtet e mungesës së një parimi unifikues, mendimi mund të gjejë kënaqësi duke përshkruar e duke kuptuar çdo pamje të përvojës. E vërteta që ka të bëjë, atëherë, me secilën nga këto pamje është e natyrës psikologjike. Ajo dëshmon vetëm për interesin që paraqet realiteti. Kjo është një mënyrë për të zgjuar një botë të përgjumur dhe për t'i dhënë jetë në mendje. Por nëse duam ta shtrijmë dhe ta mbështesim racionalisht këtë nocion të vërtetë, nëse pretendohet të zbulohet në këtë mënyrë "thelbi"i çdo objekti të njohjes, i japim thellësi përvojës. Për një mendje absurde kjo është e pakuptueshme. Ndërkaq, kjo mëdyshje nga thjeshtësia te siguria është e ndjeshme në qëndrimin pikësynues dhe ky vezullim i mendimit fenomenologjik ilustron më mirë se çdo gjë tjetër arsyetimin absurd.

Kur Huserli flet, gjithashtu, për "thelbe jashtëkohore", të zbuluara nga pikësynimi, na duket sikur dëgjojmë të flasë Platoni. Të gjitha gjërat nuk shpjegohen vetëm me një, po me të gjitha gjërat. Unë nuk shoh asnjë dallim. Sigurisht këto ide ose këto thelbe që ndërgjegjja "kryen" në përfundim të çdo përshkrimi, nuk merren si modele të përkryera.

Por pohohet se ato janë drejtpërdrejt të pranishme në çdo të dhënë të perceptimit. Nuk ka më një ide që shpjegon gjithçka, po një pafundësi thelbesh që i japin kuptim një pafundësie objektesh. Bota ndal lëvizjen, po ndriçohet. Realizmi platonian bëhet intuitiv, por vazhdon të jetë realizëm. Kierkergardi jepet pas perëndisë së vet, ndërsa Parmenidi e ngujon mendimin e tij te Njëshi. Por këtu mendimi bie në një politeizëm abstrakt. Por ka edhe më: halucinacionet dhe trillimet bëjnë gjithashtu pjesë në "thelbet jashtëkohore". Në botën e re të ideve, kategoria e centaurit bashkëpunon me atë të metropolitanit që është më e thjeshtë.

Për njeriun absurd kishte një të vërtetë si dhe një keqardhje në këtë opinion thjesht psikologjik se të gjitha pamjet e botës janë të privilegjuara. Po qe se gjithçka është e privilegjuar, do të thotë se gjithçka është e barasvlershme. Por aspekti metafizik i kësaj të vërtetë e çon aq larg saqë nëpërmjet një reagimi elementar ai e sheh veten ndoshta më pranë Platonit. I thuhet, në fakt, se çdo figurë supozon ekzistencën e një thelbi gjithashtu të privilegjuar. Në këtë botë ideale pa hierarki ushtria formale përbëhet vetëm nga gjeneralë. Pa dyshim transcendenca është eliminuar. Por një kthesë e fortë e mendimit fut përsëri në botë një lloj vetvetshmërie fragmentare që i jep thellësi gjithësisë.

A duhet të kem frikë se mos kam shkuar shumë larg me një temë, të cilën krijuesit e saj e përpunuan më me kujdes? Unë vetërn sa lexoj këto pohime të Huserlit, me pamje paradoksale, por ku ndihet rigoriziteti logjik, nëse pranojme atë që është thënë më lart: "Ajo që është e vërtetë është absolutisht e vërtetë në vetvete; e vërteta është një, identike me vetveten, cilado qofshin qeniet që e përceptojnë, njerëz, përbindësha,

ëngjëj apo perëndi". Arsyeja ngadhënjen dhe me këtë zë trumbeton fitoren, kjo gjë nuk mund të mohohet. Por çfarë kuptimi do të kishte një pohim i tillë në botën absurde? Perceptimi i një engjëlli ose i një perëndie nuk ka kuptim për mua. Ky vend gjeometrik ku arsyeja hyjnore ratifikon arsyen time, është për mua përgjithmonë i pakuptueshëm. Edhe aty unë shquaj një hop dhe, ndonëse kryhet brenda sferës së abstraktes, nuk shënon më pak harresën e diçkaje që unë pikërisht nuk dëshiroj ta harroj. Kur pak më poshtë, Huserli ngre zërin:

"Nëse të gjithë trupat që i nënshtrohen ligjit të tërheqjes zhduken, ligji i tërheqjes nuk do të prishej, por vetëm do të mbetej pa zbatim të mundshëm", unë e di se gjendem përballë një metafizike të ngushëllimit. Dhe nëse dua të zbuloj kthesën ku mendimi braktis rrrugën e fakteve, më mjafton të lexoj arsyetimin paralel, që Huserli bën për mendjen: "Nëse ne do të mund të sodisnim me qartësi ligjet e sakta të proceseve psikike, ato do të dukeshin gjithashtu të përjetshme e të pandryshueshme, si dhe ligjet themelore të shkencave teorike natyrore. Pra, do të ishin të vlefshme edhe sikur të mos ekzistonte asnjë proces psikik". Edhe sikur mendja të mos ishte, ligjet e saj do të ishin! Atëhere vërej se nga një e vërtetë psikologjike, Huserli synon të krijojë një rregull racional: pasi ka mohuar pushtetin integrues të arsyes njerëzore, ai hidhet nga ky shteg tek arsyeja e përjetshme.

Atëhere tema huserliane e "gjithësisë konkrete" nuk mundet të më befasojë. Të më thuash se të gjitha thelbet nuk janë formale, por se ka edhe materiale, që të parat janë objekt i logjikës dhe të dytat të shkencave, ndryshimi është çështje përkufizimi. Abstraktja, më thonë, përfaqëson vetëm një pjesë jomateriale nga vetvetja të një gjithësie konkrete. Por mëdyshjet, që tashmë i di, më lejojnë të zbuloj ngatërresën në përdorimin e këtyre termave, sepse kjo mund të ketë kuptimin që objekti konkret i vëmendjes sime, qielli, pasqyrimi i ujit në copën e një palltoje ruajnë prestigjin e reales që interesimi im veçon brenda botës. Dhe unë nuk do ta mohoj. Por kjo nuk mund të thotë gjithashtu që kjo pallto është e përbotshme, ka thelbin e vet të veçantë e të mjaftueshëm, i përket botës së formave. Nga kjo kuptoj se ka ndryshuar vetëm radha e veprimeve. Bota nuk pasqyrohet në një gjithësi më të lartë, por qielli i formave pasqyrohet në grumbullin e figurave të tokës. Këtu nuk ka asnjë ndryshim për mua. Këtu unë nuk gjej as shijen e konkretes, as kuptimin e gjendjes njerëzore, po një intelektualizëm disi të shfrenuar për të përgjithësuar vetë konkreten.

Do të çuditeshim më kot nga paradoksi i dukshëm që e çon mendimin drejt mohimit të vet nëpërmjet rrugëve të kundërta të arsyes së poshtëruar dhe arsyes ngadhënjyese. Nga zoti abstrakt i Huserlit te zoti flakërues i Kierkegardit distanca nuk është dhe aq e madhe. Arsyeja dhe irracionalja të çojnë në të njëjtin predikim. Në të vërtetë, rruga e ndjekur ka pak rëndësi, vullneti për të arritur mjafton për gjithçka. Filozofi abstrakt dhe filozori fetar nisen nga e njëjta çoroditje dhe përpiqen brenda të njëjtit ankth. Por thelbësore është të shpjegosh. Në këtë rast nostalgjia më e fortë se shkenca. Është domethënese që mendimi i kohës është njëherësh një nga më të përshkruarit nga një filozofi e pakuptimësisë së botës dhe një nga më të diskutueshmit në përfundimet e tij. Ai vazhdimisht lëkundet midis racionalizmit të skajshëm të reale që të shtyn ta ndash ne arsye-tip dhe iracionalizimit të tij të skajshëm që të shtyn ta hyjnizosh. Por kjo papajtueshmëri është vetëm në dukje. Është fjala për ripajtim dhe, ne të dy rastet, hopi mjafton. Gjithmonë është menduar gabimisht se nocioni i arsyes është i njëkahshem. Ne të vërtetë, sado i përpikte që të jetë në pikësynimin e vet ky koncept nuk është më pak i lëvizshëm se të tjerët. Arsyeja ka një fytyrë tërësisht njerëzore, por ajo di gjithashtu të kthejë syte drejt hyjnores. Që me Plotinin, i cili i pari arriti ta përshtasë me klimën e amshuar, ajo ka mësuar të braktisë një nga parimet e saj më të dashura, atë të kontradiktës, me qëllim që të përfshijë një tjetër, më të çuditshmin, plotësisht magjik, atë të pjesëmarrjes.

Ajo është një mjet mendimi dhe jo vetë mendimi. Mendimi i një njeriu është, para se gjithash, nostalgjia e tij.

Ashtu si diti të qetësojë melankolinë plotiniane, arsyeja i jep ankthit modern mjetet për tu qetësuar brenda dekorit të njohur të së përjetshmes. Mendja absurde ka më pak shanse. Për të bota nuk është as aq shumë racionale as aq irracionale. Është e paarsyeshme dhe vetëm kaq. Arsyeja te Hyserli arrin të mos ketë kufizime. Absurdi, përkundrazi, përcakton kufijtë e saj meqë është e pafuqishme të qetësojë ankthin e tij. Kierkerdi, nga një kënd tjetër, pohon se vetëm një kufizim mjafton për ta mohuar. Por absurdi nuk shkon kaq larg. Ky kufizim, sipas tij, ka të bëjë vetëm me ambiciet e arsyes. Tema e irracionales, ashtu si e kanë konceptuar ekzistencialët, është arsyeja që nntërrohet, lidhet dhe zjidhet cluke mohuar vetveten. Absurdi është arsyeja e kthjellët që konstaton kufizimet e saj.

Vetëm në fund të kësaj rruge të vështirë njeriu absurd arrin të njohë arsyet e veta të vërteta. Po të krahasonte kërkesën e tij të thellë me atë që i propozohet, ai e ndjen menjëherë se do të heqë dorë. Në universin e Huserlit, bota qartësohet dhe dëshira për familjaritet që e ka aq shumë për zemër njeriu, bëhet e padobishme. Në apokalipsin e Kierkegardit, kjo dëshirë për qartësi duhet të vetëmohohet nëse do që të realizohet. Mëkati nuk qëndron aq shumë në atë që di (nga kjo pikëpamje gjithësecili është i pafajshëm), por në dëshirën për të ditur. Pikërisht ky është i vetmi mëkat, tek i cili njeriu absurd ka mbështetur edhe fajësinë edhe pafajësinë e vet. I propozojnë një zgjidhje ku të gjitha kontradiktat e shkuara shndërrohen në lodër polemike. Por ai nuk i ka përjetuar si të tilla. Duhet të ruajmë të vërtetën e tyre, pikërisht atë që ato nuk janë realizuar. Ai nuk do predikime.

Arsyetimi im dëshiron t'i qëndrojë besnik së vërtetës që e vuri në lëvizje. Kjo e vërtetë është absurdi: papajtueshmëria midis mendjes që dëshiron dhe botës që të zhgënjen, nostalgjia ime për unitet, ky univers i përçarë dhe kontradikta që i lidh. Kierkegardi mohon nostalgjinë time, ndërsa Huserli e unifikon këtë univers. Unë nuk e prisja këtë gjë. Fjala ishte të jetoja e të mendoja bashkë me këto brenga, të dija nëse duhej të pranoja apo të kundërshtoja. Nuk shtrohet problemi që të maskohet ajo që duket, të mos njohësh ekzistencën e absurdit duke mohuar një nga elementet e ekuacionit të tij. Duhet të dimë nëse mund të jetohet me të apo nëse logjika na thotë të vdesim bashkë me të. Mua nuk më intereson vetëvrasja filozofike, po thjesht vetëvrasja. Dua vetëm ta spastroj nga përmbajtja e saj emotive dhe të njoh logjikën e ndershmërinë e saj. Çdo qëndrim tjetër parakupton për mendjen absurde përvjedhje dhe sprasje të mendjes para asaj që zbulon mendja. Huserli thotë se i bindet dëshirës për të braktisur "zakonin e rrënjosur për të jetuar e menduar në disa kushte jete shumë të njohura e të rehatshme", por hopi final krijon tek ai të përjetshmen dhe sigurinë e saj. Hopi nuk pasqyron ndonjë rrezik të skajshëm, siç e mendonte Kierkegardi. Rreziku, për kundrazi, qëndron në çastin e mprehtë që i paraprin hopit. Të dish të qëndrosh në këtë ekuilibër marramendës, ja kjo është ndershmëria, të tjerat janë dredhi. Gjithashtu, e di se pafuqia asnjëherë nuk ka frymëzuar akorde aq prekëse sa ato të Kierkegartit. Por nëse pafuqia ka vendin e vet në peisazhet indiferente të historisë, kjo gjë nuk nund të ndodhë brenda një arsyetimi, kërkesën e të cilit ne e njohim tani.

Liria absurde

Tani më kryesorja u bë. U përmbahem disa fakteve, nga të cilat nuk mund të ndahem. Ajo që unë di, ajo që është e sigurtë, ajo që unë nuk mund të mohoj, ajo që unë nuk mund të hedh poshtë, ja këto kanë rëndësi. Unë mund të mohoj gjithë atë pjesë të qenies sime që ushqehet me nostalgji të pasigurta, përveç dëshirës për unitet, etjes për të gjetur zgjidhjen, kërkesës për qartësi e koherencë. Unë mund të hedh poshtë gjithçka nga bota që më rrethon, më përplas, më lëviz, përveç kaosit, rastit mbret dhe barasvlerës hyjnore që lind nga anarkia. Unë nuk e di nëse bota ka një kuptim që nuk e rrok dot. Por unë e di që nuk e njoh këtë kuptim dhe që e kam të pamundur për çastin që ta njoh. Çfarë do të thotë për mua kuptim jashtë gjendjes sime? Unë mund të kuptoj vetëm atë që shprehet në terma njerëzore. Atë që unë prek, ajo gjë që më bën qëndresë, ja se çfarë kuptoj unë. Dhe këto dy siguri, etjen time për absoluten e për unitet dhe pamundësinë e botës për tu reduktuar në një parim racional e të arsyeshëm, unë e di se nuk mund t'i pajtoj. Çfarë të vërtete tjetër mund të pranoj unë pa gënjyer, pa ndërhyrjen e një shprese që unë nuk e kam dhe që nuk ka asnjë kuptim brenda kufijve të ekzistencës sime?

Po të isha pemë midis pemëve, mace midis kafshëve, kjo jetë do të kishte kuptim ose më mirë ky problem nuk do të shtrohej meqë do të bëja pjesë në këtë botë. Unë do të isha bota, së cilës i kundërvihem tani me gjithë ndërgjegjen time dhe me gjithë këmbënguljen time për familjaritet. Kjo arsye kaq qesharake më kundërvë ndaj çdo lloj krijimi. Nuk mund ta mohoj me një të rënë të lapsit. Pra, atë që unë e besoj si të vërtetë duhet ta mbroj. Ajo që më duket e vërtetë, edhe kur nuk më pëlqen, duhet ta mbështes. Dhe ku qëndron thelbi i konfliktit, i çarjes midis botës e mendjes sime përveçse në ndërgjegjen që unë kam për të? Nëse unë dëshiroj ta mbaj, këtë gjë e bëj me anë të një ndërgjegjeje të përjetshme, përherë të ripërtëritshme, gjithmonë të tendosur. Ja çfarë duhet për çastin të mbaj parasysh. Në këtë çast, absurdi, njëherësh sa i qartë dhe sa i vështirë për tu fituar, hyn në jetën e një njeriu dhe gjen aty atdheun e vet. Në këtë çast përsëri mendja mund të largohet nga rruga e vështirë dhe e zhveshur e përpjekjes së vetëdijshme. Ajo del tani në jetën e përditshme. Bashkohet me botën e dikushit anonim, por njeriu hyn aty, këtej e tutje, bashkë me revoltën dhe qartësinë e vet. Ai ka hequr dorë nga shpresa. Ky ferr i së tashmes është më në fund mbretëria e tij. Të gjitha problemet marrin përsëri mprehtësinë e tyre. E vërteta abstrakte tërhiqet para lirizmit të formave e të ngjyrave. Konfliktet spirituale mishërohen dhe struken në strehën e mjerë e të madhërishme të zemrës së njeriut. Askush nuk është i vendosur. Por të gjithë janë të shpërfytyruar. A do të vdesin, do të shpëtojnë në sajë të hopit, a do të rindërtojnë një ndërtesë idesh e formash të përshtatshme? Apo në të kundërtën, do të mbrojnë çështjen e vështirë e të mrekullueshme të absurdit? Në këtë drejtim po bëjmë një përpjekje të fundit dhe po nxjerrim të gjitha përfundimet tona. Trupi, dhembshuria, krijimi, veprimi, fisnikëria njerëzore do të zinin përsëri vendin e tyre në këtë botë të paarsyeshme. Aty njeriu do të gjente verën e absurdit dhe bukën e indiferencës, me të cilat ushqien madhështinë e vet.

Le t'i kthehemi përsëri metodës: është fjala të këmbëngulet. Në njëfarë pike të rrugës së vet, njeriu absurd tundohet. Historisë nuk i mungojnë as fetë, as profetët, qofshin dhe pa perëndi. I thonë të bëjë hopin. E gjithë përgjigja e tij është se nuk kupton shumë mirë dhe se ajo që i kërkohet nuk është e qartë. Ai dëshiron të kryejë vetëm ato veprime që i kupton mirë. Duan ta bindin se ky është mëkati i krenarisë, por ai nuk e kupton nocionin e mëkatit, dhe që ferri e pret në fund të rrugës, por ai nuk ka aq fantazi sa të përfytyrojë këtë të ardhme të çuditshme se po humb jetën e amshuar, por kjo gjë i duket e kotë. Duan që të pranojë fajësinë e vet. Ai e ndjen veten të pafajshëm. Me thënë të vërtetën, ai e ndien vetëm këtë gjë, pafajësia e tij është e pakorrigjueshme. Ajo i lejon gjithçka. Për rrjedhojë, ajo që ai kërkon nga vetvetja është që të jetojë vetëm me ato gjëra që njeh, të përshtatet me atë gjë që ekziston dhe të mos marrë parasysh asgjë që nuk është e sigurtë. I përgjigjen se asgjë nuk është e sigurtë. Por vetë ky pohim është një siguri. Me këtë ka punë: ai do të dijë nëse është e mundur të jetohet i pandreqshëm.

Tani unë mund të shtjelloj nocionin e vetëvrasjes. Është marrë vesh se çfarë zgjidhje mund t'i jepet. Në këtë pikë problemi përmbyset.

Paraprakisht kërkohej të dihej nëse jeta duhej të kishte kuptim që të jetohet. Tani, në të kundërtën, na del se ajo do të jetohej shumë më mirë po të mos kishte kuptim. Të jetosh një përvojë, një fat, do të thotë ta pranosh plotësisht. Ndërkaq, nuk mund të jetohet ky fat, duke e ditur që është absurd, nëse nuk bëhen të gjitha përpjekjet për ta mbajtur parasysh këtë absurd të nxjerrë në pah nga ndërgjegjja. Të mohosh një nga elementët e kundërtisë, në sajë të së cilës ai ekziston, do të thotë t'i shmangesh. Shkatërrimi i revoltës së ndërgjegjshme është t'i bësh bisht problemit. Tema e revolucionit permanent kalon, në këtë mënyrë, në përvojën individuale. Të jetosh do të thotë të bësh të jetojë absurdi. Ta bësh të jetojë, do të thotë, para se gjithash, ta vështrosh. Në kundërshtim me Euridisin, absurdi vdes vetëm kur braktiset. Një nga të vetmet qëndrime filozofike koherente është revolta. Ajo është një ballafaqim i përjetshëm i njeriut me errësirën e vet. Ajo është përpjekje për një transparencë të pamundur. Ajo e vë botën në diskutim në çdo sekondë që kalon. Ashtu sikurse rreziku i jep njeriut rastin e pazëvendësueshëm për ta rrokur, po ashtu revolta metafizike e shtrin ndërgjegjen gjatë gjithë përvojës. Ajo është prania e përhershme e njeriut para vetvetes. Ajo nuk është aspiratë, ajo është e pashpresë. Kjo revoltë është, po t'i hiqnim nënshtrimin që duhej ta shoqëronte, siguria e një fati dërmues.

Këtu duket se deri në çfarë pike përvoja absurde largohet nga vetëvrasja. Mund të besohet se vetëvrasja vjen pas revoltës. Padrejtësisht, sepse vetëvrasja nuk pasqyron përfundimin e saj logjik. Vetëvrasja është pikërisht e kundërta, sepse parakupton pranimin e saj. Vetëvrasja, ashtu si hopi, është pranimi i paarritshëm. Gjithçka është shteruar, njeriu përfshihet në historinë e tij thelbësore. Të ardhmen e vet të vetme dhe të tmerrshme ai arrin ta shquajë e nxiton drejt saj. Sipas mënyrës së vet, vetëvrasja i jep një zgjidhje absurdit. E tërheq drejt së njëjtës vdekje. Por unë e di se për të ekzistuar absurdi, nuk mund të këtë zgjidhje. Ai i shpëton vetëvrasjes në atë masë që është njëkohësisht ndërgjegje e refuzim i vdekjes. Ai është në pikën e skajshme të mendimit të fundit të të dënuarit me vdekje, si një copëz litar që ai e zbulon pak metra më tutje para rënies së vet marramendëse në humnerë.

I kundërti i të vetëvrarit është pikërisht i dënuari me vdekje.

Kjo revoltë përcakton vlerën e jetës. E shtrirë përgjatë gjithë ekzistencës njerëzore, ajo i jep asaj madhështi. Për një njeri pa veshokë si të kalit nuk ka shfaqje më të bukur sesa ndeshja e inteligjencës me një realitet që e tejkalon. Shfaqja e mendjemadhësisë njerëzore është e paarritshme. Të gjitha zhvlerësimet nuk luajnë asnjë rol. Disiplina që mendja i imponon vetvetes, vullneti i sajuar me ç'të mundesh, ballafaqimi janë të fuqishëm dhe të veçantë. Të varfërosh këtë realitet, mungesa e njerëzisë e të cilit bën madhështinë e njeriut, të çon menjëherë në varfërimin e vetë njeriut. Ja përse doktrinat që më shpjegojnë gjithçka, në të njëjtën kohë më dobësojnë. Ato më shkarkojnë nga pesha e jetës sime dhe duhet, megjithatë, që këtë peshë ta mbaj vetëm. Në këtë pikë, unë nuk mund ta konceptoj një metafizikë skeptike që shkon e hyn në aleancë me një moral të vetëmohimit.

Ndërgjegja dhe revolta, këto refuzime janë e kundërta vetëmohimit. Gjithçka e patjetërsueshme dhe e apasionuar gjendet në zemrën njerëzore, u jep shpirt, përkundrazi, nga jeta e vet. Bëhet fjalë të vdesësh i papajtuar as me pëlqimin tënd.

Vetëvrasja është një keqkuptim. Njeriu absurd është i detyruar të shterojë gjithçka e të vetështeret. Absurdi është tendosja e tij më e skajshme, të cilën, në sajë të një përpjekjeje vetmitare ai e ruan sepse e di që me këtë ndërgjegje e me këtë revoltë të përditshme ai pohon të vërtetën e tij të vetme, që është sfida. Kjo është rrjedhoja e parë. Nëse unë qëndroj në një pozicion të caktuar dhe nxjerr të gjitha rrjedhimet (vetëm ato e asgjë tjetër) që një nocion i sapozbuluar sjell me vete, gjendem përballë një paradoksi të dytë për t'i qëndruar besnik kësaj metode, nuk kam asnjë punë me problemin e lirisë metafizike. Nuk më intereson fare të di nëse njeriu është apo jo i lirë. Unë mund të provoj vetëm lirinë time, mbi të cilën nuk zotëroj nocione të përgjithshme, por disa vëzhgime të qarta. Problemi i "lirisë në vetvete" nuk ka kuptim, sepse ai lidhet me një mënyrë krejt tjetër me problemin e zotit. Të kërkosh të dish nëse njeriu është lirë, të detyron të dish nëse ai mund të ketë një zotëri. Absurditeti i veçantë i këtij problemi krijohet ngaqë vetë nocioni, i cili bën të mundur problemin e lirisë, e zbraz në të njëjtën kohë nga çdo kuptim. Sepse përballë Zotit, më shumë se një problem lirie ekziston një problem i së keqes. Dihet alternativa: ose ne nuk jemi të lirë dhe Zoti i gjithëpushtetshëm është përgjegjës i së keqes ose ne jemi të lirë e përgjegjës, por Zoti nuk është i gjithëpushtetshëm. Të gjitha stërhollimet e shkollave as e kanë shtuar as e kanë pakësuar mprehtësinë e këtij paradoksi.

Ja përse nuk mund të jepem i tëri pas ekzaltimit ose përkufizimit të thjeshtë të një nocioni që nuk e kap dot dhe që nuk ka kuptim nga çasti kur ai kapërcen kuadrin e përvojës sime individuale. Unë nuk mund ta di se çfarë mund të jetë një liri që do të ma jepte një qenie më e lartë. Nuk e kam më idenë e hierarkisë. Për lirinë unë mund të kem vetëm konceptimin e të burgosurit ose të individit modern në kuadrin e shtetit. I vetmi nocion që unë njoh është liria e mendimit dhe e veprimit. Ndërkaq, nëse absurdi asgjëson të gjitha mundësitë e mia për liri të amshuar, ai më kthen e ekzalton, në të kundërtën, lirinë time të veprimit. Kjo mungesë shprese e ardhmërie shënon rritje të lirisë së njeriut.

Para se të takojë absurdin, njeriu i përditshëm jeton me qëllime, me një shqetësim për të ardhmen ose me dëshirën për tu justifikuar (nuk ka rëndësi se për çfarë dhe se para kujt). Ai vlerëson mundësitë e veta, llogarit për pleqërinë, për pensionin ose punën e djemve të tij. Ai ende beson se diçka në jetën e tij mund të drejtohet. Në të vërtetë, ai vepron sikur të ishte i lirë edhe kur të gjitha faktet të shtyjnë për ta kundërshtuar këtë liri. Pas absurdit, gjithçka tronditet. Ideja që "Unë jam", mënyra ime për të vepruar sikur gjithçka ka kuptim (edhe kur me këtë rast, unë do të thosha se asgjë nuk ka kuptim), e gjithë kjo përgënjeshtrohet në mënyrë marramendëse nga absurditeti i një vdekjeje të mundshme. Të mendosh për të nësermen, t'i vesh vetes qëllime, të kesh parapëlqime, të gjitha këto parakuptojnë se beson te liria edhe kur ndonjëherë shpreh sigurinë që nuk e ndien. Por në këtë çast, kjo liri e lartë, kjo liri e qënies e cila vetëm ajo mund të themelojë një të vërtetë, unë e di mirë që nuk ekziston. Vdekja qëndron aty si i vetmi realitet. Pas saj janë hedhur zaret. Nuk jam më i lirë, të përjetësohem, por skllav, dhe kryesisht skllav, pa shpresë për revolucionin e përjetshëm dhe i çarmatosur para përçmimit. Dhe kush mund të qëndrojë skllav pa revolucion e pa përçmim? Çfarë lirie, në kuptimin e plotë të fjalës, mund të ekzistojë pa sigurinë e përjetësisë?

Por në të njëjtën kohë, njeriu absurd kupton se deri tani është i lidhur me këtë postulat të lirisë dhe se ai jetonte në saje të iluzionit të saj. Në njëfarë kuptimi, kjo i bëhej pengesë. Në masën që ai përfytyronte një qëllim në jetë, ai u përshtatej kërkesave për rritjen e qëllimit dhe bëhej skllav i lirisë së vet, për rrjedhojë, unë nuk do të mundja të veproja ndryshe veçse si babai i familjes ose inxhineri (ose udhëheqësi i popujve ose dikushi në listat emërore të numëratorëve të PTT-së) që po përgatitem të jem. Besoj se mund të zgjedh të jem më mirë kështu se ashtu. E besoj pa vetëdije, ç'është e vërteta. Por në të njëjtën kohë, unë mbështes postulatin tim për besimet e atyre që kam përqark, paragjykimet e mjedisit tim njerëzor. (Të tjerët janë aq të sigurtë se janë të lirë dhe ky humor është aq ngjitës). Sado larg që mund t'i qëndrojmë çdo paragjykimi, moral ose shoqëror pjesërisht i pësojmë dhe madje ndaj më të mirëve të tyre (ka paragjykime të mira e të këqija) përshtasim jetën tonë. Kështu njeriu absurd kupton se nuk ishte realisht i lirë për të folur hapur, në atë masë që unë shpresoj, që shqetësohem për një të vërtetë timen, për një mënyrë qenieje ose të krijuari, së fundi, në masën që komandoj jetën time dhe që me këtë veprim unë pranoj se ajo ka kuptim, unë krijoj pengesa, brenda të cilave ngujoj jetën time. Unë po veproj si shumë funksionarë të mendjes e të zemrës që ma pështirosin dhe që nuk bëjnë gjë tjetër, tani po e shoh këtë gjë, veçse marrin seriozisht lirinë e njeriut.

Absurdi më sqaron në këtë pikë: nuk ka të nesërme. Ja, këtej e tutje, arsyeja e lirisë sime të thellë. Do të bëj këtu dy krahasime. Mistikët, fillimisht, e gjejnë lirinë në aktin e përkushtimit. Duke u tretur brenda zotit të tyre, duke pranuar rregullat e tij, ata, në fshehtësi, bëhen përsëri të lirë. Brenda skllavërisë së pranuar vetvetiu ata gjejnë një pavarësi të thellë. Por çfarë kuptimi ka kjo liri? Kryesisht mund të themi se ata ndihen të lirë ndaj vetvetes dhe më pak të lirë sesa të çliruar. Po ashtu, i kthyer tërësisht nga vdekja (që këtu e shikojmë si absurditetin më të dukshëm). Njeriu absurd ndihet i çliruar nga gjithçka që nuk është ajo përkujdesje e pasionuar që kristalizohet brenda tij. Ai shijon liri përkundrejt rregullave të përbashkëta. Shohim se temat fillestare të filozofisë ekzistenciale e ruajnë të gjithë vlerën e tyre. Kthimi te ndërgjegjja, braktisja e gjumit të përditshëm përfaqësojnë përhapjet e para të lirisë absurde. Por me këtë lidhet predikimi ekzistencial dhe bashkë me të ky hop spiritual, i cili, në thelb, i shpëton ndërgjegjes. Në të njëjtën mënyrë (ky është krahasimi im i dytë), skllevërit e lashtësisë nuk i përkisnin vetvetes. Por ata e njihnin lirinë që qëndronte në faktin që të mos ndiheshin përgjegjës. Edhe vdekja ka duar patrici që të shtypin, por edhe të çlirojnë.

Të zhytesh në këtë siguri pa themel, të ndihesh këtej e tutje i huaj për jetën tënde, për ta zmadhuar e për ta përshkuar pa miopinë e të dashuruarit, këtu gjendet parimi i një çlirimi. Kjo pavarësi e re është e kufizuar në kohë si çdo liri veprimi. Ajo nuk tërheq çekun e përjetësisë. Por ajo zëvendëson iluzionet e lirisë të cilat të gjitha ndaleshin te vdekja. Liria hyjnore e të dënuarit me vdekje, para të cilit hapen portat e burgut gjatë një agimi të shkurtër, ky çinteresim i pabesueshëm për gjithçka, përveçse për flakën e kulluar të jetës, vdekja dhe absurdi janë këtu, kjo ndihet qartë, parimet e së vetmes liri të arsyeshme: asaj që një zemër njerëzore mund të ndjejë e të jetojë. Kjo është një rrjedhojë e dytë. Njeriu absurd shquan kështu një univers përvëlues dhe të akullt, transparent e të kufizuar, ku asgjë nuk është e mundur, po gjithçka jepet dhe se përtej tij është shkatërrimi dhe hiçi. Atëherë ai mund të vendosë të pranojë të jetojë me një univers të tillë nga ku mund të marrë forcë, të gjejë forcë për të mos shpresuar dhe për të dëshmuar këmbënguljen e vet te një jetë pa ngushëllim.

Po çfarë kuptimi ka jeta në një univers të tillë? Asgjë tjetër për çastin, përveç indiferencës për të ardhshmen dhe pasionit për të shteruar gjithçka që ekziston. Besimi në kuptimin e jetës parakupton gjithmonë një shkallëzim vlerash, një zgjedhje, parapëlqimet tona. Besimi tek absurdi, sipas përkufizimeve tona, na këshillon të kundërtën. Kjo ia vlen të shqyrtohet.

Të di nëse mund të jetoj kështu si jam, vetëm kjo gjë më intereson. Nuk dua aspak të largohem nga ky problem. Meqë më është dhënë kjo fytyrë e jetës, a mund t'i përshtatem? Ndërkaq, përballë këtij shqetësimi të veçantë, besimit tek absurdi i bie barra të zëvendësojë cilësinë e përvojave me sasinë. Po të bindem se kjo jetë nuk ka pamje tjetër përveç asaj të absurdes, nëse unë e ndiej që i gjithë ekuilibri i saj varet nga kundërtia e përjetshme midis revoltës sime të ndërgjegjshme dhe errësirës ku përpëlitet, nëse unë e pranoj që liria ime ka kuptim vetëm në lidhje me fatin e saj të kufizuar, atëherë duhet të them se rëndësi nuk ka të jetosh mirë por shumë. Nuk më takon mua të pyes nëse kjo gjë është vulgare ose e pështirë, elegante apo për të ardhur keq. Këtu njëherë e përgjithmonë, gjykimet vlerësuese janë zëvendësuar me gjykimet e fakteve. Mua më duhet të nxjerr përfundimet për çfarë shoh dhe të mos jepem pas pandehmave po të mendojmë që të jetosh kështu nuk është e ndershme, atëherë ndershmëria e vërtetë më bën të jem i pandershëm.

Të jetosh më shumë, në kuptimin e gjerë, ky parim i jetës nuk ka kuptim. Duhet të saktësohet. Fillimisht, duket sikur nuk jemi thelluar sa duhet në këtë nocion të sasisë, meqë ai mund të na japë të dhëna për një pjesë të madhe të përvojës njerëzore. Morali i një njeriu, shkalla e tij e vlerave kanë kuptim nëpërmjet sasisë e larmisë së përvojave që ka pasur rastin të akumulojë. Ndërkaq, kushtet e jetës moderne e detyrojnë pjesën më të madhe të njerëzve të kenë të njëjtën sasi përvojash, nga ku del se kanë të njëjtën përvojë të thellë. Sigurisht, duhet të mbahet mirë parasysh ndihmesa spontane e individit, ajo që tek ai është "dhunti". Por unë nuk mund të jap mendim për këtë dhe përsën rregulli im është të kënaqem me çfarë të bie në sy menjëherë. Atëherë vërej se karakteri i mëvetësishëm i një morali të përbashkët nuk qëndron aq në rëndësinë ideale të parimeve që e frymëzojnë sesa në normën e një përvoje që është e mundur të matet. Duke i zmadhuar pak gjërat, grekët kishin moralin e argëtimit të tyre, ashtu siç kemi ne moralin e ditëve tona tetëorëshe. Por tani shumë njerëz dhe midis më tragjikëve na bëjnë të parandjejmë se një përvojë më e gjatë ndryshon këtë tablo të vlerave. Ata na kujtojnë atë bredhacak të përditshmërisë, i cili vetëm për nga sasia e përvojave thyen të gjitha rekordet (po e përdor me qëllim këtë term sportiv) dhe krijon në këtë mënyrë moralin e vet. Megjithatë, ta lëmë mënjanë romantizmin dhe të shohim se çfarë do të thotë ky qëndrim për një njeri të vendosur për të mbajtur fjalën dhe për të respektuar me rreptësi atë që ai e quan rregull i lojës.

Të thyesh të gjitha rekordet, kjo do të thotë, fillimisht, që të jesh përballë botës sa më shpesh që është e mundur. Si mund të ndodhë një gjë e tillë pa kontradikta e pa lojë fjalësh? Sepse, nga një anë, absurdi na mëson se të gjitha përvojat janë indiferente dhe, nga ana tjetër, na shtyjnë drejt një sasie më të madhe përvojash. Atëherë si të mos bëjmë si shumë njerëz të tjerë, për të cilët folëm më lart, që zgjedhin atë formë jete, e cila na sjell sa më shumë nga kjo materie njerëzore dhe që fusin kështu një kriter vlerash, të cilin, nga ana tjetër pretendojnë ta hedhin poshtë?

Por, përsëri, absurdi dhe jeta e tij kontradiktore na japin shpjegime. Ne gabojmë kur mendojmë se kjo sasi përvojash varet nga rrethanat e jetës sonë, kur ajo varet vetëm nga ne. Në këtë rast duhet të jemi semplistë. Dy njerëzve që jetojnë sa njëri-tjetri, bota u jep gjithmonë të njëjtën shumë përvojash. Për këtë duhet të jemi të ndërgjegjshëm. Të ndiesh botën, revoltën, lirinë tënde, sa më shumë që të jetë e mundur, do të thotë të jetosh sa më shumë që të jetë e mundur. Atje ku mbretëron qartësia, shkalla e vlerave bëhet e panevojshme. Ta thjeshtëzojmë edhe më. Ta zëmë që e vetmja pendesë, "i vetmi rast i humbur" përfaqësohet nga vdekja e parakohshme. Universi i paraqitur këtu ekziston vetëm duke iu kundërvënë përjashtimit të qëndrueshëm, vdekjes. Në këtë mënyrë, asnjë mendim, asnjë emocion, asnjë pasion dhe asnjë sakrificë nuk do ta barazonte dot në sytë e njeriut absurd (edhe sikur ta çonte një gjë të tillë) një jete të ndërgjegjshme prej dyzet vjetësh dhe një qartësi të shtrirë në gjashtëdhjetë vjet. Çmenduria dhe vdekja janë për njeriun të pariparueshme. Njeriu nuk zgjedh. Absurdi dhe mbishtesa e jetës që ai përmban nuk varen, pra, nga vullneti i njeriut, por nga e kundërta e tij që është vdekja. Duke i peshuar mirë fjalët, kemi të bëjmë vetëm me një çështje fati. Duhet të dimë ta miratojmë. Njëzet vjet jetë dhe përvojë nuk zëvendësohen kurrë.

Në sajë të një inkonsekuence të çuditshme për një racë aq të kujdeshme si ata, grekët donin që njerëzit; të cilët vdisnin në moshë të re, të kishin përkrahjen e Perëndive. Dhe kjo është e vërtetë vetëm po të duam të pranojmë që, po hyre në botën qesharake të Perëndive, humb përgjithmonë një nga gëzimet më të dlira, atë të të ndierit dhe pikërisht të të ndierit mbi tokë. E tashmja dhe nderimi të tashmeve para një shpirti gjithmonë të ndërgjegjshem janë ideali i njeriut absurd. Por fjala ideal përmban, në këtë rast, një tingëllim të pasaktë. Nuk është madje as prirje e njeriut, por vetëm rrjedhoja e tretë e arsyetimit të tij. Me pikënisje ndërgjegjen plot ankth të jonjerëzores, përsiatja mbi absurdin kthehet në fund të itinerarit të vet në gjirin e flakëve të pasionuara të revoltës njerëzore.

Në këtë mënyrë, unë nxjerr nga absurdi tri rrjedhime që janë revolta ime, liria ime dhe pasioni im. Vetëm me lojën e ndërgjegjes unë shndërroj në rregull jetë atë çfarë ishte ftesë vdekjeje dhe kundërshtoj vetëvrasjen. Pa dyshim, kam dijeni për tingëllimin e mbytur që përshkon këto ditë. Por unë them vetëm një fjalë: kjo gjë është e nevojshme. Kur Niçja shkruan: "Duket qartë se gjëja kryesore në qiell dhe mbi tokë është të bindesh për një kohë të gjatë dhe në të njëjtin kah: me kalimin e kohës, rezulton diçka, për të cilën ia vlen të jetosh mbi tokë si për shembull, virtyti, arti, muzika, vallja, arsyeja, diçka që shpërfytyron, diçka e përpunuar, e çmendur ose hyjnore", ai ilustron rregullën e një morali të madhërishëm. Por, ai tregon, gjithashtu, rrugën e njeriut absurd. T'i bindesh pasionit nuk ka gjë më të thjeshtë dhe njëkohësisht më të vështirë. Megjithatë, është mirë që njeriu, duke i matur forcat me vështirësitë, të gjykojë ndonjëherë vetveten. Ai është i vetmi që mund ta bëjë këtë gjë.

"Lutja, thotë Alani, bëhet kur errësira zapton mendjen. Por duhet që mendja të takojë errësirën", përgjigjen mistikët dhe ekzistencialët. Sigurisht, por jo errësira që krijohet kur mbyllin sytë dhe me dashjen e njeriut, porse nata e errët dhe e mbyllur që mendja kërkon për t'u përhumbur. Nëse duhet që ajo të takojë natën, më mirë do të ishte të kishte të bënte me atë të dëshpërimit që nuk e humb qartësinë, natën polare, agim i mendjes nga ku, ndoshta, do të ngrihet ajo dritë e bardhë e papërlyer, që vizaton çdo objekt në dritën e inteligjencës. Në këtë shkallë, barasvlera takohet me të kuptuarit e pasionuar. Nuk shtrohet më problemi i gjykimit të hopit ekzistencial. Ai zë përsëri vendin e tij në afreskun shekullor të qëndrimeve njerëzore. Për shikuesin, po të jetë i ndërgjegjshëm, ky hop vazhdon të jetë absurd. Në masën që ai mendon se po e zgjidh këtë paradoks, ai e krijon të tërin. Për këtë arsye; kjo është prekëse. Për këtë arsye, gjithçka zë përsëri vendin e vet dhe bota absurde rilind në shkëlqimin dhe larminë e saj.

Por nuk është mirë të mjaftohesh me kaq, është e vështirë të kënaqesh vetëm me një mënyrë të të parit të gjërave, të mos pranosh kontradiktën, ndoshta më e holla nga të gjitha format spirituale. Ajo që thuhet më lart, përcakton vetëm një mënyrë të menduari. Tani problemi shtrohet të jetojmë.

NJERIU ABSURD

"Fusha ime, thotë Gëtja, është koha". Ja kjo është fjala absurde. Po çfarë është, në fakt, njeriu absurd? Ai që, pa e mohuar, nuk bën asgjë për përjetësinë. Jo se nostalgjia është e huaj për të. Por paraplqen guximin dhe arsyetimin e vet. Guximi e mëson të jetojë pa ndihmë e të mjaftohet me ato që ka, arsyetimi e ndihmon të njohë kufijtë e tij. I siguruar për lirinë e tij të kufizuar, për revoltën pa të ardhme dhe për ndërgjegjen e tij të asgjësueshme, ai vazhdon aventurën e tij në rrjedhën e jetës. Aty është fusha e tij, aty është veprimi i tij që e përjashton nga çdo gjykim, përveç të vetit. Një jetë më e gjatë nuk do të thotë për atë një jetë tjetër. Kjo do të ishte e pandershme. Këtu, as po flas për atë përjetësi qesharake që quhet e ardhmja. Zonja Rolan i besonte. Kjo pakujdesi u ndëshkua. Brezat e ardhshëm citojnë shpesh këtë fjalë, por harrojnë ta vlerësojnë. Zonia Rolan nuk interesohet për të ardhmen.

Nuk shtrohet problemi të diskutojmë për moralin. Kam parë njerëz të veprojnë keq me shumë moral dhe vërej çdo ditë se ndershmëria nuk ka nevojë për rregulla. Ekziston vetëm një moral që njeriu absurd mund të pranojë, atë që nuk e largon nga Zoti: ai që të imponohet. Por ai jeton pikërisht jashtë këtij Zoti. Përsa u përket moraleve të tjera (përfshirë edhe imoralizmin), njeriut absurd i duken si justifikime dhe ai nuk ka çfarë të justifikojë. Këtu nisem nga parimi i pafajësisë së tij.

Kjo pafajësi është e friksmne. "Gjithçka është e lejueshme" bërtet Ivan Karamazovi. Kjo gjë përmban absurditetin e vet. Por me kusht që të mos e kuptojmë në mënyrë vulgare. Nuk e di nëse është vënë re mirë: nuk bëhet fjalë për një klithmë çliruese e gëzimi, por për një konstatim të hidhur. Siguria e një zoti që do t'i jepte kuptim jetës, tejkalon shumë për nga forca tërheqëse pushtetin e pandëshkuar të të bërit keq.

Zgjedhja nuk do të ishte e vështirë. Por nuk ka zgjedhje dhe atëherë fillon hidhërimi. Absurdi nuk çliron, ai bashkon. Ai nuk përligj të gjitha aktet. Gjithçka lejohet nuk do të thotë "asgjë nuk është e ndaluar". Absurdi vetëm se u kthen barasvlerën rrjedhojave të akteve të veta. Ai nuk rekomandon krimin, kjo do të ishte foshnjarake, por ai pranon padobinë e brejtjes së ndërgjegjes. Po ashtu, nëse të gjitha përvojat janë të ngjashme, ajo e detyrës është po aq e përligjur sa edhe të tjerat. Mund të jesh i virtytshëm për kapriçio.

Të gjitha moralet bazohen në idenë që një akt ka rrjedhoja, të cilat e përligjin ose e asgjësojnë. Një mendje e përshkuar nga absurdi gjykon vetëm se këto rrjedhoja duhet të analizohen me qartësi. Ajo është e gatshme të paguajë. Me fjalë të tjera, nëse, për atë, mund të ketë përgjegjës, nuk ka fajtorë. E shumta, do të pranojë të përdorë përvojën e shkuar për të mbështetur aktet e tij të ardhshme. Koha do t'i japë jetë kohës dhe jeta do t'i shërbejë jetës. Në këtë fushë, një herësh të kufizuar dhe plot me mundësira, gjithçka në vetvete jashtë qartësisë së saj, i duket e paparashikueshme. Çfarë rregulli mund të nxirrej, pra, nga ky rend i paarsyeshëm? E vetmja e vërtetë që mund të dukej bindëse nuk është aspak formale: ajo gjallërohet e zhvillohet brenda njerëzve. Pra, nuk janë rregulla etike që mendja absurde mund t'i kërkojë nëpërmjet arsyetimit të vet, por ilustrime dhe fryma e jetëve njerëzore. Ato pak figura që vijojnë janë të tilla. Ato ndjekin arsyetimin absurd duke i dhënë ngrohtësinë e tyre dhe duke i imponuar qëndrimin që duhet të mbajë.

A është e nevojshme të shtjellojmë idenë që një shembull nuk është detyrimisht një shembull që duhet ndjekur (edhe më pak nëse kjo gjë ndodh në botën absurde) dhe që këto ilustrime nuk janë, megjithatë modele? Përveç prirjes që është e nevojshme, bëhesh qesharak, duke respektuar shkallëzimet, nëse arrin në përfundimin që Rusoi kërkon nga njerëzit të ecin me këmbë e me duar si kafshët ose që Niçja këshillon të keqtrajtojmë nënat tona. "Duhet të jesh absurd, shkruan një autor bashkëkohor, nuk duhet të jesh i mashtruar". Qëndrimet, për të cilat do të bëhet fjalë e marrin kuptimin e tyre të plotë vetëm po të mbahen parasysh të kundërtat e tyre. Një punonjës i thjeshtë çfarëdo është i barabartë me një ngadhënjimtar, nëse ndërgjegjja e tyre është e përbashkët. Të gjitha përvojat, në këtë pikëpamje, janë të njëjta. Ka nga ato që i shërbejnë ose jo njeriut. Ato i shërbejnë po të jetë i ndërgjegjshëm. Përndryshe, kjo gjë nuk ka rëndësi: Dështimet e një njeriu nuk ndihmojnë për të gjykuar rrethanat, por atë vetë.

Unë zgjodha vetëm njerëz, të cilët synojnë të vetëmohohen ose për të cilët kam bindjen se vetëmohohen. Kjo nuk na çon më larg. Për çastin, duhet të flas për një botë ku mendimet ashtu si jetët janë privuar nga e ardhmja. Gjithçka që e vë në lëvizje dhe në punë njeriun përdor shpresën. I vetmi mendim që nuk është mashtrues është, pra, mendimi shterpë. Në një botë absurde, vlera e një nocioni ose e një jete matet me shterpësinë e saj.

Donzhuanizmi

Po qe se mjaftonte të dashuroje, gjërat do të ishin shumë të thjeshta. Sa më shumë që dashuron, aq më tepër përforcohet absurdi. Don Zhuani nuk shkon nga një grua te tjetra, sepse nuk ndien dashuri. Do të ishte qesharake ta përfytyroje një vegimtar në kërkim të dashurisë ideale. Por sepse i dashuron me të njëjtin pasion dhe çdo herë me gjithë qënien tij, atij i duhet ta përsërisë dhe ta thellojë këtë dhunti. Nga secila shpreson t'i japë atë që askush tjetër më parë nuk ka dhënë. Çdo herë, ato gabohen rëndë dhe arijnë vetëm t'i zgjojnë dëshirën për këtë përsëritje. "Në fund të fundit, thotë me zemërim njëra prej tyre, unë të dhashë dashurinë". Nuk ka pse të habitemi kur Don Zhuani me të qeshur përgjigjet: "Në fund të fundit? Jo, jo, por një herë më shumë". Përse u dashka të dashurojmë rrallë që të duam shumë?

A është i trishtuar Don Zhuani? Nuk besoj. Le të kujtojmë subjektin. E qeshura, paturpësia ngadhënjyese, gjallëria dhe dhënia pas aventurave, të gjitha këto janë të qarta e të gëzueshme. Çdo qënie e shëndetshme synon të shumëfishohet. Kështu ndodh me Don Zhuanin. Për me tepër, njerëzit e trishtuar kanë dy arsye të jenë të tillë, nga padija ose nga shpresa. Don Zhuani di dhe nuk shpreson. Ai të sjell në mendje ata artistë që i njohin kufijtë e tyre, nuk i kaioinë kurrë, dhe gjatë këtij intervali të brishtë ku gjendet mendja e tyre, krijojnë me një lehtësi të mrekullueshme prej mjeshtri të madh. Pikërisht aty gjendet gjenialiteti: inteligjenca që njeh kufijtë e saj. Deri në kufijtë e vdekjes fizike, Don Zhuani nuk e njeh trishtimin. Që nga çasti kur e njeh, e qeshura e tij shpërthen dhe ai fal gjithçka. Ai qe i trishtuar gjatë kohës që shpresoi. Sot, në buzët e kësaj gruaje ai gjen shijen e hidhur dhe ngushëlluese të shkencës së vetme. Të hidhur? Paksa: Këtë papërkryerje të nevojshme që e bën të ndjeshme lumturinë.

Do të ishte mashtrim i madh po të përpiqeshim të shihnim te Don Zhuani njeriun që është frymëzuar nga Bibla. Sepse për atë nuk ka gjë më të kotë sesa shpresa në një jetë tjetër. Kjo gjë vërtetohet kur ai e vë jetën e tij në lojë kundër vetë qiellit. Keqardhja për dëshirën e shuar brenda kënaqësisë, kjo shprehje e rëndomtë e impotencës nuk ekziston te ai. Kjo i shkon mirë Faustit, i cili besonte te zoti aq sa për t'iu shitur djallit. Për Don Zhuanin gjërat janë më të thjeshta. "Burladori" i Molinës kërcënimeve të ferrit, u përgjigjet gjithmonë: "Më lër një afat të gjatë!" Çfarë ndodh pas vdekjes është e pavlerë dhe sa e gjatë është jeta për atë që do të jetojë! Fausti kërkonte të mirat e kësaj bote: fatkeqit i mjaftonte të zgjaste dorën. Të mos dish ta gëzosh shpirtin, do të thotë ta shesësh. Don Zhuani, përkundrazi e komandon kënaqësinë. Nëse ai braktis një grua, këtë nuk e bën sepse nuk e dëshiron më. Një grua e bukur është gjithmonë e dëshirueshme. Por sepse, ai dëshiron një tjetër dhe kjo nuk është e njëjta gjë.

Kjo jetë e kënaq dhe i vjen shumë keq ta humbë. Ky i çmendur është vetë urtësia. Por njerëzit që jetojnë me shpresë i përshtaten me vështirësi këtij universi ku mirësia ia lëshon vendin zemërgjerësisë, dhembshuria heshtjes burrërore, mirëkuptimi guximit vetmitar. Dhe të gjithë thonë: "Ishte i dobët, idealist ose shenjtor". Duhet dalluar madhështia fyese.

Njerëzit shprehin zemërimin e tyre (ose ajo e qeshura bashkëfajtore që zvetënon atë që ai admiron) për fjalimet e Don Zhuanit dhe për atë fjali të vetme që përdor me të gjitha gratë. Por për atë që kërkon sasi gëzimesh, vetëm efikasiteti ka rëndësi. Fjalët hyrëse që kanë dhënë prova, përse u dashka t'i ndërlikojmë? Askush, as gruaja, as burri që i thotë, nuk i dëgjon, por i dëgjon zëri që i shqipton. Ato fjalë janë forrnula ose rregulla konvencionale të mirësjelljes. Më e rëndëshshimja për tu thënë mbetet pasi mbarojnë këto formula. Don Zhuani përgatitet për këtë. Përse do të krijonte një problem moral? Ai nuk është si Manjara e Miloszit që, nga dëshira për tu bërë i shenjtë, dënon veten. Ferri për të është një gjë që e krijojmë vetë. Ndaj zemërimit hyjnor ai ka vetëm një përgjigje dhe kjo është nderi njerëzor: "Unë kam nder, i thotë ai statujës, dhe e mbaj fjalën, sepse jam kalorës". Por do të ishte po aq gabim ta merrnim për imoralist. Në këtë pikëpamje, ai është si të gjithë njerëzit, ai ka moralin që bazohet në simpatitë ose antipatitë e tij. Don Zhuanin e kupton mirë vetëm po të mbash gjithmonë parasysh atë çfarë ai simbolizon në mënyrë të rëndomtë: një mashtrues të zakonshëm dhe burrin me shumë gra. Ai është një mashtrues i zakonshëm.

Me të vetmin dallim se ai është i ndërgjegjshëm për këtë dhe kështu bëhet absurd. Megjithatë, një mashtrues që bëhet i ndërgjegjshëm nuk ndryshon. Të mashtrojë është zanati i tij. Vetëm në romane njerëzit ndryshojnë gjendjet e tyre ose bëhen më të mirë. Por në të njëjtën kohë, mund të themi se asgjë nuk ka ndryshuar dhe gjithçka është transformuar. Don Zhuani vë në veprim një etikë të sasisë, në kundërshtim me shenjtorin që synon drejt cilësisë. Karakteristikë e njeriut absurd është të mos besojë në kuptimin e thellë të gjërave. Këto fytyra të dashura ose të mrekulluara ai i përshkon, i magazinon, i djeg. Koha ecën bashkë me të. Njeriu absurd është ai që nuk shkëputet nga koha. Don Zhuani nuk mendon të koleksionojë gratë. Ai do të kalojë sa më shumë dhe bashkë me to, ai shteron edhe shanset e jetës së tij. Të koleksionosh do të thotë të jesh në gjendje të jetosh me të kaluarën. Por ai nuk e pranon keqardhjen, këtë formë tjetër të shpresës. Ai nuk di të shikojë portretet.

Po egoist a është? Sipas mënyrës së vet, pa dyshim. Por edhe këtu duhet të merremi vesh. Kemi nga ata që janë bërë për të jetuar dhe ata që janë bërë për të dashuruar. Të paktën, kështu do të thoshte me qejf Don Zhuani. Kështu do të ishte po t'i binim shkurt siç mund të bëjë Don Zhuani. Sepse dashuria, për të cilën po flasim këtu, është zbukuruar me iluzionet e përjetësisë. Të gjithë specialistët e pasioneve na mësojnë se dashuri të përjetshme ka vetëm kur ajo pengohet. Nuk ka kurrë pasion pa luftë. Një dashuri e tillë merr fund vetëm në kontradiktën e fundme që është vdekja. Duhet të jesh Verter ose hiç. Edhe këtu ka shumë mënyra për të vrarë veten, një nga të cilat është dhënia e plotë e vetvetes ose harrimi i vetvetes. Don Zhuani, ashtu si dhe të tjerët, e di që kjo mund të jetë prekëse. Por ai është nga të vetmit që e di se rëndësia nuk qëndron aty. Ai di, gjithashtu, shumë mirë se ata që një dashuri e madhe i shkëput nga e gjithë jeta vetjake pasurojnë ndoshta vetveten, por me siguri varfërojnë jetën e atyre që dashurojnë.

Një nënë, një grua e pasionuar e kanë detyrimisht zemrën e tharë, sepse janë larguar nga bota. Një ndjenjë e vetme, një qënie e vetme, një fytyrë e vetme, gjithçka gllabërohet. Don Zhuanin e vë në lëvizje një dashuri tjetër dhe kjo është çliruese. Ajo sjell me vete të gjitha fytyrat e botës dhe drithërima e saj buron ngaqë e di veten të përkohshme. Don Zhuani ka vendosur të jetë hiç.

Për të shtrohet problemi të shohë qartë. Ne quajmë dashuri atë ndjenjë që na lidh me qënie të tjera duke iu referuar një mënyre kolektive të të parit, për të cilën librat e legjendat janë përgjegjës. Por nga dashuria unë njoh vetëm atë përzjerje dëshire, dhembshurie e mirëkuptimi që më lidh me një qënie. Kjo përzjerje nuk është e njëjta për një qënie tjetër. Nuk kam të drejtë t'i quaj të gjitha këto përvoja me të njëjtin emër. Kjo më detyron të mos i kryej më të njëjtat gjeste. Njeriu absurd përsëri shumëfishon atë çfarë ai nuk mund ta unifikojë. Kështu, ai zbulon një mënyrë të re të të qënit që e çliron, të paktën, po aq sa çliron ata që i afrohen. Dashuria është bujare vetëm atëherë kur e di që është kalimtare dhe e veçantë. Të gjitha vdekjet e të gjitha rilindjet krijojnë për Don Zhuanin gjelbërimin e jetës së tij. Kjo është mënyra e tij për të dhënë idetë dhe për të bërë të jetosh. Po ju lë të gjykoni vetë në mund të flitet për egoizëm.

Këtu kam parasysh të gjithë ata, të cilët duan patjetër që Don Zhuani të ndëshkohet. Jo vetëm në jetën tjetër, por edhe në këtë jetë. Më vijnë në mendje gjithë ato përralla, legjenda dhe ato përpjekje për Don Zhuanin e plakur. Por Don Zhuani është i gatshëm. Për një njeri të ndërgjegjshëm pleqëria dhe gjithçka që ajo sjell me vete, nuk e venë në befasi. Ai është i ndërgjegjshëm vetëm në atë masë që ai nuk ia fsheh vetes tmerrin. Në Athinë gjendej një tempull kushtuar pleqërisë. Aty çonin fëmijët. Për Don Zhuanin, sa më shumë e përqeshin, aq më shumë ai akuzon veten. Në këtë mënyrë ai kundërshton irnazhin që krijuan për të romantikët. Ky Don Zhuan i cfilitur dhe për të ardhur keq nuk bën asnjë për të qeshur. U vjen keq dhe vetë qielli do ta falë? Por jo, nuk është kështu. Në universin e Don Zhuanit përfshihet gjithashtu edhe qesharakja. Do t'i dukej normale që ta ndëshkonin. Kjo është rregulla e lojës. Por ai e di se ka të drejtë dhe se nuk mund të bëhet fjalë për ndëshkim. Një fat nuk është i barabartë me një dënim.

Ky është krimi i tij dhe tani kuptohet përse njerëzit, që synojnë përjetësinë, kërkojnë të ndëshkohet. Ai arrin në një shkencë pa iluzione që mohon gjithçka që ata predikojnë. Të dashurosh dhe të zotërosh, të fitosh dhe të shterosh, ja kjo është mënyra e tij e njohjes. (Ka shumë kuptim në këtë fjalë të zgjedhur të shkrimeve të shenjta, ku "të njohësh" quhet akti i dashurisë). Ai është armiku I tyre më i madh në atë masë që injoron. Një kronikan thotë se "Burladori i vërtetë vdiq i vrarë nga franceskanët, të cilët donin t'i jepnin fund teprimeve dhe mëkateve të

Don Zhuanit, të cilin origjina e shpëtonte nga ndëshkimi". Më pas, ata shpallën se e kishte dënuar qielli. Askush nuk ka dhënë prova për këtë fund të çuditshëm. Askush nuk ka provuar gjithashtu të kundërtën. Por pa qënë i sigurtë se ka ndodhur kështu, mund të them që kjo gjë është logjike. Këtu dua të ndalem posaçërisht te fjala "origjinë", dhe të luaj me fjalët: nga jeta, ai siguronte pafajësinë. Nga vdekja, atij i erdhi fajësia që tani është bërë legjendë.

Çfarë kuptim tjetër do të kishte guri, kjo statujë e ftohtë e vënë në lëvizje për të ndëshkuar gjakun, trimërinë që guxuan të mendonin? Të gjitha pushtetet e Arsyes së amshuar të rendit, të moralit të përbotshëm, e gjithë madhështia e huaj e një Zoti që zemërohet përmblidhen tek ai. Ky gur gjigand dhe pa shpirt simbolizon vetëm ato forca që Don Zhuan i ka mohuar përgjithmonë. Por misioni i statujës mbaron këtu. Rrufeja dhe bubullima mund të ngjiten përsëri në qiellin e rremë nga ku i zbritën. Tragjedia e vërtetë luhet jashtë atyre. Jo. Don Zhuani nuk vdiq nën një dorë të ngurtë. Pa dashje, më vete mendja në sfidën legjendare, në atë qeshjen e paarsyeshme të njeriut të ndershëm që ngacmonte një perëndi që nuk ekzistonte. Por më shumë besoj se atë mbrëmje që Don Zhuani priste tek Ana, statuja nuk erdhi dhe se i pafeu ka ndier, pas kalimit të mesnatës, hidhërimin e tmerrshëm të atyre që kanë pasur të drejtë. Më lehtë pranoj rrëfimin, sipas të cilit, për t'i dhënë fund jetës u varros në një manastir. Nuk them se ana moralizuese e kësaj historie është më bindëse. Çfarë strehëze t'i kërkosh Zotit? Por kjo pasqyron më shumë përfundimin logjik të një jete të tërë të përshkuar absurdi, zgjidhjen e egër të një jete me fytyrë të kthyer nga gëzimet pa të nëserme. Këtu kënaqësia përfundon në ankesë. Duhet të kuptohet se ato mund të jenë si dy pamje të së njëjtës varfëri. Çfarë pamje më e frikshme mund të pritet: ajo e një njeriu që tradhtohet nga trupi i vet dhe që, meqë nuk ka vdekur në kohën e duhur, bëhet qesharak duke pritur fundin e tij, ballë për ballë me një zot që nuk e adhuron, që i shëron ashtu si i ka shërbyer jetës, i gjunjëzuar para boshllëkut dhe me krahët nderur drejt një qielli të pashprehshëm, dhe të cekët.

E përfytyroj Don Zhuanin në një birucë të atyre manastireve spanjolle të shpërndara nëpër kodra. Dhe nëse sheh ndonjë gjë, këto nuk janë fantazmat e dashurive të shkuara, po, ndoshta, nëpërmjet një frëngjie përvëluese, ndonjë kodër të heshtur të Spanjës, tokë e mrekullueshme dhe pa shpirt ku ai gjen vetveten. Po mbi këtë pamje melankolike e rrezatuese duhet të ndalemi. Fundi i fundmë, i pritur, por jo i dëshiruar, fundi i fundmë është i neveritshëm.

Komedia

"Shfaqja është gracka," thotë Hamleti, "ku do të kap ndërgjegjen e mbretit". Të kap është thënë shumë mirë. Sepse ndërgjegjja ecën shpejt ose mblidhet. Duhet ta rrokësh në fluturim e sipër, në atë çast të çmuar, kur ajo hedh mbi vetvete një vështrim fluturak. Njeriu i zakonshëm nuk do që të vonohet. Përkundrazi, gjithçka e shtyn të nxitojë. Por në të njëjtën kohë, atij nuk i intereson asgjë më shumë se vetja, kryesisht të dinte se si do të mund të ishte. Nga ku rrjedh dëshira e tij për teatër, për shfaqjen ku tregohen aq shumë fate njerëzish, nga ku ai zgjedh poezinë pa vuajtur pikëllimet. Aty, të paktën, njihet njeriu i pandërgjegjshëm i cili vazhdon të nxitojë drejt nuk e di çfarë shprese. Njeriu absurd fillon atje ku mbaron ky, atje ku, duke i dhënë fund lojës, arsyeja dëshiron të hyjë brenda. Të përshkosh të gjitha këto jetë, t'i provosh në larminë e tyre, do të thotë t'i luash. Nuk them që aktorët, në përgjithësi, i përgjigjen kësaj thirrjeje, që ata janë njerëz absurdë, por se fati i tyre është një fat absurd që mund të mashtronte e të tërhiqte një zemër që sheh qartë. Kjo është e nevojshme të thuhet për të mos pasur keqkuptime me çfarë vijon.

Aktori mbretëron në të përkohshmen. Nga të gjitha lavditë, dihet se e tija është më jetëshkurtra. Kështu thuhet, të paktën, nëpër biseda. Por të gjitha lavditë janë jetëshkurtra. Nga pikëpamja e Siriusit, veprat e Gëtes pas dhjetë mijë vjetësh do të bëhen pluhur dhe emri i tij do të harrohet. Ndonjë arkeolog do të kërkojë ndoshta "dëshmi" të epokës sonë. Kjo ide gjithmonë ka qënë mësimdhënëse.

Po të mendohemi mirë, ajo gjithmonë i redukton veprimet tona në fisnikërinë e thellë që takojmë tek indiferenca. Ajo kryesisht i udhëheq shqetësimet tona drejt asaj që është më e sigurt. dmth drejt çastit. Nga të gjitha lavditë, më pak e rreme është ajo që përjetohet.

Aktori, pra, ka zgjedhur lavdinë e panumërueshme, atë që përkushtohet dhe që vihet në provë. Nga fakti se gjithçka duhet të vdesë një ditë, vetëm ai nxjerr përfundimin më të mirë. Një aktor ka ose nuk ka sukses. Një shkrimtar ushqen shpresë të madhe kur është i panjohur. Ai pandeh se veprat e tij do të dëshmojnë se çfarë ishte. Aktori, e shumta, mund të na lërë një fotografi, dhe asgjë tjetër nga çfarë ishte ai, nga gjestet e tij, heshtjet, frymëmarrja e shkurtër ose frymëmarrja e dashurisë, nuk vijnë dot deri te ne. Të mos njihesh nga ai do të thotë të mos luash, të mos luash do të thotë të vdesësh njëqind herë me të gjitha qëniet që do të kishte dashur t'u jepte jetë ose t'i ringjallte.

Ç'ka këtu për tu çuditur që një lavdi e përkohshme është ndërtuar mbi krijimet më jetëshkurtra? Aktori ka tri orë në dispozicion për të qënë Jago ose Alcest, Fedër ose Gloçestër. Në këtë peisazh të shkurtër, ai i bën të lindin e të vdesin, brenda pesëdhjetë metra katror skenë. Asnjëherë absurdi nuk ka qenë ilustruar kaq mirë e kaq gjatë. Këto jetë të mrekullueshme, këto fate të veçanta e të plota që rriten e marrin fund brenda mureve e brenda pak orëve, çfarë rruge tjetër më të shkurtër, por më domethënëse mund të urojnë. Pasi largohet nga skena, Sigismondi nuk është më asgjë. Dy orë më vonë, e shikon duke ngrënë darkë në qytet. Në atë çast ndoshta, jeta është një ëndërr. Por pas Sigismondit vjen një tjetër. Heroi që vuan nga pasiguria, zëvendëson njeriun që ulërin për hakmarrje. Po t' i përshkonim kështu shekujt dhe mendjet, po ta imitonim njeriun ashtu si mund të jetë dhe ashtu si është, aktori i ngjan një personazhi tjetër absurd, udhëtarit. Ashtu si ai, ai asgjëson diçka dhe lëviz pandalur. Ai është udhëtar i kohës, ndërsa kur bën pjesë te më të mirët, është udhëtar që ndjek këmba-këmbës shpirtrat. Nëse ndonjëherë morali i sasisë mund të gjente ushqim, pikërisht mbi këtë skenë të veçantë do të ndodhte. Në çfarë mase përfiton aktori nga personazhet e tij, është e vështirë të thuhet. Por nuk qëndron aty rëndësia. Duhet të dimë vetëm deri në çfarë pike ai njësohet me këto jetë të pazëvendësueshme. Ndodh që ai i bart me vete, që ato kapërcejnë paksa kohën e hapësirën ku kanë lindur. Ato e shoqërojnë aktorin që nuk shkëputet dot fare lehtë nga ai që ka qenë. Kur merr gotën, ndodh që të veprojë si Hamleti kur ngre kupën. Jo, largësia që e ndan nga qëniet që u jep jetë nuk është aq e madhe. Atëhere ai ilustron me bollëk çdo muaj ose çdo ditë, këtë të vërtetë aq të begatë se nuk ka kufi midis asaj që një njeri do që të jetë dhe asaj që është. Në çfarë pike, shfaqja krijon qënien këtë gjë ai e provon gjithmonë duke mishëruar sa më mirë rolet. Sepse ky është arti i tij, të hyjë sa më thellë që është e mundur në jetët që nuk janë të tijat. Në mbarim të përpjekjeve të veta, prirja e tij duket qartë: të punojë me gjithë zemër që të jetë askush ose të jetë shumëkush. Sa më i ngushtë të jetë kufiri që i jepet për të krijuar personazhin e vet, aq më i nevojshëm është talenti i tij. Ai do të vdesë brenda tri orëve me fytyrën që është e tija sot. Duhet që brenda tri orëve të ndiejë dhe të shprehë një fat të tërë të përveçëm. Kjo quhet të asgjësohesh për tu krijuar përsëri. Brenda tri orëve, ai shkon deri në fund të rrugës pa krye që shikuesi në sallë harxhon tërë jetën për ta përshkuar.

Imitim i kalimtares, aktori ushtrohet e përkryhet vetëm në dukje. Konvencioni i teatrit është që zemra shprehet dhe shpjegohet nëpërmjet gjesteve dhe brenda trupit ose nëpërmjet zërit që i përket edhe shpirtit edhe trupit. Ligji i këtij arti kërkon që gjithçka të zmadhohet dhe të mishërohet. Po të duhej që në skenë të dashuroje siç dashurohet, të përdorësh atë zë të pazëvendësueshëm të zemrës, të shikosh ashtu si sodisim, gjuha jonë do të mbetej e fshehtë. Këtu, heshtjet duhet të dëgjohen. Dashuria e ngre zërin dhe vetë heshtja bëhet spektakolare.

Trupi është mbret. Nuk bëhet "teatror" kushdo, dhe kjo fjalë e shpërfilluar, gabimisht, ngërthen një estetikë e një moral të tërë. Gjysma e jetës së një njeriu kalon me nënkuptime, me kthim kohe e heshtje. Aktori është, në këtë rast, vizitor i paftuar. Ai heq zinxhirët e këtij shpirti të lidhur dhe pasionet lëshohen vrullshëm mbi skenë. Ato flasin nëpërmjet të gjitha gjesteve dhe jetojnë me britma. Kështu e ndërton aktori personazhin që tregon. Ai i vizaton ose i gdhend, ai futet në formën e tyre imagjiare dhe u jep fantazmave të tyre gjakun e tij. Po flas për teatrin e madh. Kjo vetëkuptohet për atë që i jep aktorit rastin të përmbushë fatin e tij krejtësisht fizik. Marrim Shekspirin. Në këtë teatër të lëvizjes, janë mllefet trupore që heqin vallen. Ato shpjegojnë gjithçka. Pa ato, gjithçka do të shembej për tokë. Kurrë mbreti Lir nuk do të shkonte në takimin që i cakton çmenduria e tij, pa gjestin e vrazhdë që dëbon Kordelian dhe dënon Edgarin. Është e drejtë që kjo tragjedi të zhvillohet nën shenjën e marrëzisë. Shpirtrat u janë dorëzuar demonëve dhe valles së tyre. Jo më pak se katër të marrë. Njëri nga zanati, tjetri me dashje, dy të tjerët nga shqetësimet, katër trupa të çrregulluar, katër fytyra të pashprehshme të së njëjtës gjëndje.

Vetë shkallëzimi i trupit njërëzor është i pamjaftueshëm. Maska dhe këpucët e larta, makiazhi që e kufizon dhe e nxjerr fytyrën në elementet e veta thelbësore, kostumi që ekzagjeron e thjeshtëzon, i gjithë ky univers është në shërbim të dukjes dhe është bërë për syrin. Nëpërmjet një mrekullie absurde, njohjen e siguron përsëri trupi. Unë nuk do ta kuptoj kurrë shumë mirë Jagon pa e luajtur atë. Më kot e dëgjoj, unë e kuptoj vetëm në çastin kur e shoh. Nga personazhi absurd, aktori ka monotoninë, atë siluetë të veçantë, këmbëngulëse, njëherësh të çuditshme e të afërt që e shëtit përmes gjithë heronjve të vet. Edhe në këtë rast, vepra e madhe teatrore i shërben unitetit të tonit të saj. Aty aktori kundërshton vetveten: gjithmonë i njëjti e megjithatë sa i ndryshëm, sa shumë shpirtra të ngujuara në një trup. Por kjo është vetë kontradikta absurde, ky individ që do të arrijë e të jetojë gjithçka, ky tundim i kotë, kjo këmbëngulje e parëndësishme. Ajo që kundërshtohet gjithmonë bashkohet, megjithatë, tek ai. Ai gjendet në atë vend ku trupi e mëndja bashkohen e shtrëngohen, ku mendja e lodhur nga dështimet e veta, kthehet nga aleati i saj më besnik. "Dhe të bekuar qofshin ata, thotë Hamleti, gjaku e gjykimi i të cilëve janë çuditërisht aq të përzier saqë nuk bëhen të tillë flautë ku gishtat e pasurisë t'i bien vrimës që duan".

Nuk kishte si të mos e dënonte kisha një ushtrim të tillë të aktorit. Ajo nuk honepste dot në këtë art shumimin heretik të shpirtave, shthurjen e emocioneve, pretendimin skandaloz të një mendjeje që nuk pranon të jetojë vetëm një fat dhe lëshohet në të gjitha ekseset. Ajo dënonte tek ata dhënien pas të tashmes dhe ngadhënjimin protemean që janë mohim i gjithçkaje që ajo mëson. Përjetësia nuk vihet në rrezik. Një mendje e paarsyeshme që do të parapëlqente komedinë ndaj përjetësisë ka humbur nderin e vet. Midis "gjithkund"e "gjithmonë" nuk ka kompromis. Nga ku rrjedh se ky profesion i nënvlerësuar mund të krijojë kushte për një konflikt shpirtëror të pamasë. "Ajo që ka rëndësi, thotë Niçja, nuk është jeta e amshuar, po gjallëria e përjetshme". E gjithë drama në fakt, përmblidhet në këtë zgjedhje.

Adriana Lekuvreri në shtratin e vdekjes, kërkoi të rrëfehej e të kungohej, por nuk pranoi të mohonte zanatin e saj. Kështu që humbi përfitimin e rrëfimit. Çfarë do të thotë kjo, në fakt, nëse nuk do të ishte qëndrim kundër zotit në mbrojtje të pasionit të vet të thellë? Dhe kjo grua në agoni, duke mos pranuar, me lotë në sy, të mohonte atë që ajo e quante arti i saj, dëshmonte për një madhështi që në skenë nuk e arriti kurrë. Ky qe roli i saj më i bukur dhe më i vështirë për tu mbrojtur. Të zgjedhësh midis qiellit e një besnikërie qesharake, të pëlqesh veten ndaj përjetësisë ose të shkrihesh te Zoti, kjo është tragjedia shekullore ku duhet të ruajmë vendin tonë.

Komedianët e asokohe e dinin që ishin të dënuar nga kisha. Të merrje këtë profesion do të thoshte të zgjidhje ferrin. Dhe kisha shihte tek ata armiqtë e saj më të rrezikshëm. Disa letrarë zemërohen. "E çfarë, të mos i japësh Molierit ndihmën e fundit!". Po kjo është e drejtë dhe, mbi të gjitha, për atë që vdiq në skenë dhe i dha fund, nën makiazh, një jete të tërë kushtuar shpërbërjes. Në rastin e tij përmendet gjenialiteti, i cili përligj gjithçka. Por gjenialiteti nuk përligj asgjë pikërisht sepse ai nuk do.

Aktori e dinte atëherë se çfarë dënimi e priste. Por çfarë kuptimi mund të kishin kërcënime të turbullta përballë dënimit të fundit që i rezervonte vetë jeta? Këtë dënim ai e provonte paraprakisht dhe e pranonte në tërësi. Për aktorin ashtu si dhe për njeriun absurd, një vdekje e parakohshme është e pakorrigjueshme. Asgjë nuk mund të kompensojë shumën e fytyrave të shekujve që pa këtë ai do të përshkonte. Por në të gjitha mënyrat, bëhet fjalë për vdekje. Sepse aktori është, pa dyshim, kudo, por koha e tërheq me vete dhe bashkë me të realizon ndikimin e vet.

Mjafton vetëm pak fantazi për të ndier atëhere se ç'do të thotë fat aktori. Në rrjedhën e kohës, ai formon dhe numëron personazhet e tij. Sa më shumë jetë të ndryshme të ketë jetuar, aq më lehtë shkëputet prej tyre. Vjen koha kur duhet të vdesë në skenë dhe në botë. Ajo çfarë ka jetuar është përballë tij. Ai sheh qartë. Ai e ndien çfarë gjëje të dhembshme e të pazëvendësueshme ka kjo aventurë. Ai e di dhe tani mund të vdesë. Ekzistojnë shtëpi pensioni për komedianët e moshuar.

Pushtimi

"Jo," tha ngadhënjimtari, "mos mendoni se meqë dua veprimin, më është dashur të harroj të mendoj. Përkundrazi, unë mund të përkufizoj në mënyrë të përkryer atë që besoj. Sepse e besoj me forcë dhe e shoh me shikim të ngurtë e të qartë. Mos u besoni atyre që thonë: "Këtë gjë e di shumë mirë, prandaj nuk e shpreh dot". Sepse nëse nuk e shprehin dot, kjo do të thotë që nuk e dinë ose që nga përtacia janë ndalur të lëvorja."

Nuk kam shumë opinione. Në fund të jetës, njeriu vëren se ka harxhuar vite të tëra që të sigurohej për një të vërtetë të vetme. Por një e vetme nëse ajo është dukshme, mjafton për drejtimin e një ekzistence. Për mua, unë kam me siguri diçka për të thënë për individin. Për të duhet folur me ashpërsi dhe, po të jetë nevoja, me përçmimin e duhur.

Një njeri është më tepër njeri nga gjërat, për të cilat hesht sesa nga gjërat që thotë. Ka shumë nga ato, për të cilat nuk do të flas. Por jam shumë i sigurtë se për të mbështetur gjykimet e tyre të gjithë ata që kanë dhënë vlerësime për njeriun e kanë bërë me shumë më pak përvojë se ne. Arsyeja, zgjuarsia prekëse ndoshta e ka parandier se çfarë duhej vërejtur. Por epoka, rrënojat dhe gjaku i saj na mbushin plot me të vërteta. Për popujt e lashtë dhe madje për më të mëvonshmit deri në erën e makinave, është e mundur të viheshin në balancë virtyte të shoqërisë e të individit, dhe të përcaktohej se kush duhej t'i shërbente tjetrit. Kjo gjë është e mundur fillimisht falë kësaj lajthitjeje të ngulitur në zemrën e njeriut dhe sipas së cilës qëniet janë krijuar për tu bërë ose për tu kërkuar shërbime të tjerëve. Kjo gjë është ende e mundur se as shoqëria as individi nuk i kishin treguar gjithë aftësitë e tyre praktike.

Kam takuar njerëz të ndershëm që mrekullohen nga kryeveprat e piktorëve holandezë të krijuara në zemër të luftërave të përgjakshme të Flandrës, që preken nga ligjërimet e mistikëve silezianë të kënduara në gji të luftës së tmerrshme 30-vjeçare. Vlerat e përjetshme shfaqen në sytë e tyre të çuditur, përmbi turbullimat shekullore. Por koha që atëherë ka ecur. Piktorët e sotëm nuk e gëzojnë më atë qartësi. Edhe sikur të kenë, aty thellë, zemrën që duhet për të qenë krijues, domethënë një zemër të pandjeshme, nuk do të kishte asnjë dobi, sepse të gjithë, përfshirë edhe shenjtorët, janë mobilizuar. Këtë gjë e kam ndier ndoshta në thellësi të shpirtit. Në çdo formë të dështuar nëpër transhe, në çdo shenjë, metaforë ose lutje, të shtypur me hekur, amshimi humb një ndeshje. I ndërgjegjshëm se nuk mund të shkëputem nga koha ime, kam vendosur të bashkohem me të. Ja përse nuk i kushtoj shumë vëmendje individit, sepse më duket qesharak dhe i poshtëruar. Duke e ditur se nuk ka ideale ngadhënjyese, më pëlqejnë idealet e humbura: ato kërkojnë një shpirt të tërë, të barasvlershëm me dështimet dhe me fitoret e veta kalimtare. Për atë njeri, i cili nuk e ndan fatin e tij nga ai i botës, ballafaqimi i qytetërimeve ka diçka të ankthshme. E kam pranuar këtë ankth dhe, në të njëjtën kohë, desha të luaja rolin tim. Midis historisë dhe amshimit zgjodha historinë, sepse më pëlqejnë të vërtetat. Të paktën me të jam i sigurtë dhe si mund ta mohoj këtë forcë që më shtyp?

Gjithmonë vjen çasti kur duhet të zgjedhësh midis soditjes e veprimit. Kjo quhet të bëhesh burrë. Këto mëdyshje janë të tmerrshme. Por për një zemër krenare nuk ka rrugë të mesme. Ose Zotin ose kohën, kryqin ose shpatën. Kjo botë ka një kuptim me të lartë që qëndron mbi veprimet e saj ose vetëm këto veprime ekzistojnë. Duhet të jetosh me kohën e të vdesësh bashkë me të ose t'i largohesh në emër të një jete më të madhe. E di se është e mundur të bëhet kompromis dhe të jetosh brenda shekullit duke besuar te përjetësia. Kjo do të thotë të pranosh. Por ky term nuk më pëlqen dhe kërkoj ose gjithçka ose asgjë. Nëse zgjedh veprimin, mos mendoni se soditja është për mua tokë e panjohur. Por ajo nuk mund të më japë gjithçka, dhe, i privuar nga përjetësia, dua të bëhem aleat me kohën. Nuk dua të më mbajnë as për nostalgjik as për të trishtuar, dua vetëm të shoh qartë. Po jua, them, nesër do të mobilizoheni. Për ju dhe për mua kjo gjë është çlirim. Individi nuk mund të bëjë dot asgjë dhe megjithatë mund të bëjë gjithçka. Brenda kësaj lirie të mrekullueshme, e kuptoni përse e ngre në qiell dhe njëherësh e rrëzoj njeriun. Bota e bluan dhe unë e çliroj. Unë i jap të gjitha të drejtat e tij.

Ngadhënjimtarët e dinë që veprimi në vetvete është i padobishëm. Ka një veprim të dobishëm, ai që do të rikrijonte botën e njeriun. Unë nuk do t'i rikrijoj kurrë njerëzit. Por duhet të "bëjmë sikur". Sepse rruga e luftës më bën të takohem me tipin njerëzor. Edhe të poshtëruar, mishi e gjaku janë e vetmja e vërtetë imja. Unë mund të jetoj vetëm në sajë të saj. Krijesa është atdheu im. Ja përse zgjodha këtë përpjekje absurde e të parëndësishme. Ja përse jam në anën e luftës. Koha jonë të ndihmon për këtë gjë, e thashë më lart. Deri tani, madhështia e një ngadhënjimtari është gjeometrike. Ajo matej me hapësirën e territoreve të pushtuara. Nuk është e rastit që fjala ka ndryshuar kuptim dhe nuk shënon më gjeneralin fitues. Madhështia ka ndryshuar kamp. Ajo gjendet te protesta dhe sakrifica pa të ardhme. Nuk është aty sepse i pëlqen dështimi. Fitorja do të ishte e dëshirueshme. Por ekziston vetëm një fitore dhe ajo është e përjetshme. Është ajo që nuk do ta arrij kurrë. Ja ku pengohem dhe kacavirrem. Një revolucion kryhet gjithmonë kundër perëndive, duke filluar nga revolucioni i parë i Prometeut, i pari nga ngadhënjimtarët modernë. Është një protestë e njeriut kundër fatit të vet: pakënaqësia e të skamurit është vetëm një pretekst. Por unë mund ta rrok këtë mendje vetëm në aktin e vet historik dhe vetëm aty e takoj. Mos mendoni, megjithatë, që kjo gjë më pëlqen: përballë kontradiktës esenciale, unë mbroj kontradiktën time njerëzore. E vendos qartësinë time në mes të asaj që e mohoj. Unë e ngre njeriun në qiell para asaj që e shtyp dhe atëherë liria ime, revolta ime e pasioni im bashkohen me këtë tendosje, mendjekthjellësi e përsëritje të pamasë.

Po, njeriu është qëllimi i vetvetes. Dhe ai është qëllimi i vetëm. Nëse do që të jetë diçka, këtë e do në këtë jetë. Tani, unë di edhe më shumë. Ngadhënjyesit flasin ndonjëherë për mposhtje dhe kapërcim. Por gjithmonë kanë parasysh "të kapërcesh vetveten". E dini mirë se ç'do të thotë kjo. Çdo njeriu i është dukur vetja i barabartë me perënditë në disa çaste. Kështu thuhet të paktën. Kjo ndodh ngaqë vetëtimthi e ndien madhështinë çuditëse të mendjes njerëzore. Ngadhënjimtarët janë nga ata njerëz që e ndiejnë mjaftueshëm forcën e tyre për të qenë të sigurtë për të jetuar vazhdimisht në këto lartësi dhe me ndërgjegje të plotë për këtë madhështi. Ky është ca më shumë e ca më pak një problem aritmetikor. Ngadhënjimtarët mund të bëjnë më shumë. Por ata nuk mund ta kalojnë vetë njeriun, kur ai do të matet. Ja përse ata nuk largohen kurrë nga vorbulla njerëzore dhe hidhen në flakë të shpirtit të revolucioneve.

Aty ata gjejnë krijesën e gjymtuar, por aty ata takojnë gjithashtu të vetmet vlera që duan e admirojnë, njeriun dhe heshtjen e tij. Kjo është edhe varfëria edhe pasuria e tyre. Për ata ekziston vetëm një luks, dhe ky është ai i marrëdhënieve njerëzore. Si të mos e kuptosh që në këtë univers të brishtë gjithçka që është njerëzore dhe që është vetëm e tillë, fiton një kuptim më përvëlues? Fytyra të tendosura, vëllazëri në rrezik, miqësi sa të forta aq të ndrojtura të njerëzve midis tyre, këto janë pasuri të vërteta, meqë janë të përkohshme. Në gjirin e tyre, mendja ndien me lehtë pushtetet dhe kufizimet e saj. Domethënë efikasitetin e saj. Disa kanë folur për gjenialitet. Më duket se janë shpejtuar, unë do të flisja për zgjuarsi. Duhet thënë se atëherë ajo mund të jetë madhështore. Ajo ndriçon shkretëtirën duke e dominuar atë. Ajo i njeh detyrimet e saj dhe i ilustron. Ajo do të vdesë në një kohë me këtë trup. Por liria e saj është dituria.

Në e dimë, se të gjitha kishat janë kundër nesh. Një zemër e tendosur i shmanget amshimit dhe të gjitha kishat hyjnore apo politike, pretendojnë për përjetësi. Lumturia dhe guxmi, paga dhe drejtësia janë për të objektiva dytësore. Ato krijojnë një doktrinë dhe u duhet ta pranojnë. Por unë nuk kam asnjë punë me idetë ose amshimin. Të vërtetat që mund t'i përvetësoj, dora mund t'i prekë. Nuk mund të ndahem prej tyre. Ja përse ju nuk mund të më besoni asgjë. Asgjë e ngadhnjimtarit, as edhe doktrinat e tij, nuk jetojnë gjatë.

Në fund të gjithë kësaj, pavarësisht nga gjithçka, gjendet vdekja. E dimë. E dimë, gjithashtu, që ajo i jep fund gjithçkaje. Ja përse varrezat që mbulojnë Evropën dhe që u kanë mbetur në mendje disave prej nesh, janë të neveritshme. Ne zbukurojmë vetëm ato gjëra që pëlqejmë, ndërsa vdekja na mërzit dhe na ngjall neveri. Edhe ajo duhet të pushtohet. Karrara i fundit, i burgosur në Padunë e zbrazur nga mortaja dhe të rrethuar nga venetikasit, vraponte duke ulëritur nëpër sallat e pallatit të vet të shkretuar: i thërriste djallit dhe i kërkonte vdekjen. Kjo ishte një mënyrë për ta kapërcyer. Dhe është një shenjë guximi e Perëndimit që i ka bërë aq të neveritshme vendet ku vdekja kujton se nderohet. Në universin e të revoltuarit, vdekja ngre në qiell padrejtësinë. Ajo është shpërdorimi më i madh.

Të tjerët, pa bërë gjithashtu kompromis, kanë zgjedhur amshimin dhe denoncojnë iluzionin e kësaj bote. Varrezat e tyre buzëqeshin në mes lulesh e zogjsh të shumtë. Kjo gjë i shkon për shtat ngadhnjimtarit dhe krijon pamjen e qartë të atyre gjërave që ai ka hedhur poshtë. Përkundrazi, ai i ka zgjedhur shoqërinë e hekurit të zi ose varrin anonim. Më të mirët midis njerëzve që besojnë te amshimi i kap ndonjëherë një frikë plot respekt dhe mëshirë para mendjeve që mund të jetojnë me një përfytyrim të tillë të vdekjes. Por, megjithatë, këto mendje gjejnë aty forcën dhe përligjjen e tyre. Fati ynë është përballë nesh dhe ne e provokojmë atë. Më shumë nga ndërgjegjja sesa nga krenaria për gjendjen tonë të parëndësishme. Ne, gjithashtu, kemi ndonjëherë mëshirë për vetveten. Kjo është e vetmja mëshirë që na duket e pranueshme: një ndjenjë që, ndoshta, ju nuk e kuptoni aspak dhe që nuk ju duket burrërore. Megjithatë, janë më të guximshmit midis nesh ata që e provojnë këtë. Por ne quajmë burrërorë njerëzit e ndërgjegjshëm dhe nuk na pëlqen ajo forcë që largohet nga mendjekthjelltësia.

Edhe një herë e themi që këto figura nuk na propozojnë morale dhe na angazhojnë gjykimet tona: ato janë vizatime. Ato pasqyrojnë vetëm një stil jete. I dashuruari, komediani ose aventurieri hiqen absurdë. Por edhe njeriu i papërlyer, funksionari ose presidenti i republikës, po të duan, hiqen të tillë. Mjafton të dish dhe të mos fshehësh asgjë. Në muzeumet italiane, ndonjëherë sheh ekrane të vegjël të ngjyrosur që prifti mbante para fytyrës së të dënuarit që të mos shihte gijotinën. Hopi në të gjitha format e tij, hedhja në prehrin e hyjnores ose të amshimit, dhënia pas iluzioneve të përditshmërisë ose të idesë, të gjitha këto ekrane fshehin absurdin. Por ka dhe funksionarë pa ekrane dhe për këta dëshiroj të flas.

Kam zgjedhur më të skajshmit. Në këtë pikë, absurdi u jep atyre një pushtet mbretëror. Është e vërtetë që këta princa janë pa mbretëri. Po mbi të tjerët ata kanë përparësinë se e dinë që të gjitha mbretëritë janë iluzione. Ata e dinë, këtu qëndron e gjithë madhështia e tyre, dhe më kot kërkojnë të flasin në adresë të tyre për fatkeqësi të fshehtë ose për mbetje të zhgënjimit. Të zhvishesh nga shpresa nuk do të thotë të dëshpërohesh. Flakët e tokës vlejnë po aq sa dhe parfumet qiellore. As unë, askush tjetër, nuk mund t'i gjykojë. Ata nuk kërkojnë të jenë më të mirë, ata përpiqen të jenë konsekuentë. Nëse fjala i urtë i përshtatet njeriut që jeton me çfarë ka pa spekuluar, me çfarë nuk ka, atëherë ata janë njerëz me urtësi. Njëri nga ata, ngadhnjimtar, veçse në lëmin e arsyes, Don Zhuan, por në fushën e njohjes, komedian, por në sferën e zgjuarsisë, e di më mirë se kushdo kur shkruan: "Ne nuk e meritojmë aspak një privilegj mbi tokë dhe në qiell, kur e kemi çuar butësinë tonë prej manari deri në përkryerje; megjithatë, ne vazhdojmë të jemi, në rastin më të mirë, qesharakë dhe me brirë dhe asgjë më tepër – duke pranuar që nuk plasim nga i mëndjemadhësia dhe nuk shkaktojmë skandale me qëndrimet tona prej gjykatësi".

Në të gjitha rastet, duhej t'i jepnim arsyetimit absurd pamje më të përzemërta. Imagjinata mund të shtojë edhe shumë të tjera, që i ngjiten kohës dhe syrgjynit, që dinë, gjithashtu, të jetojnë sipas kërkesave të një universi pa të ardhme e pa dobësi. Atëherë kjo botë absurde dhe pa perëndi popullohet nga njerëz që mendojnë kthjellët dhe që nuk shpresojnë më. Ende nuk kam folur për personazhin më absurd që është krijuesi.

KRIJIMTARIA ABSURDE

Filozofia dhe romani

Të gjitha këto jetë, të ruajtura në hapësirën e paktë të absurdit, nuk do të mund të qëndronin pa ndonjë mendim të thellë e të qëndrueshëm që i gjallëron me forcën e tij. Këtu kjo mund të ishte një ndjenjë e veçantë besnikërie. Kemi parë njerëz të ndërgjegjshëm duke plotësuar detyrën e tyre në mes të luftërave nga me idiotet, dhe nuk u duket vetja në kontradiktë. Sepse bëhej fjalë që të mos lihej mënjanë asgjë. Ekziston, pra, një lumturi metafizike kur mbron absurditetin e botës. Fitorja ose loja, dashuria e pamatshme, revolta absurde, janë homazhe që njeriu i bën dinjitetit të vet në një fushatë ku ai, paraprakisht, është i mundur.

Shtrohet çështja vetëm që t'i qëndrosh besnik rregullit të ndeshjes. Ky mendim mund të mjaftojë për të ushqyer një mendje: ai ka mbajtur e mban qytetërime të tëra. Lufta nuk mund të mohohet. Duhet të vdesim ose të jetojmë prej saj. Po kështu edhe me absurdin: shtrohet problemi të marrim frymë bashkë me të; të njohim mësimet e tij e të kërkojmë të gjejmë brendinë e tyre. Në këtë pikëpamje, gëzimi absurd *par excellence* është krijimi.

"Arti dhe vetëm arti, thotë Niçja, ne kemi artin për të mos vdekur nga e vërteta".

Në përvojën që përpiqem të përshkruaj dhe ta pasqyroj në disa mënyra, është e sigurtë se një shqetësim shfaget atje ku vdes një tjetër. Kërkimi foshnjarak i harresës, thirrja e kënaqësisë janë tani pa jehonë. Por tensioni i vazhduar që e mban njeriun përballë botës, deliri i kontrolluar që e shtyn të mbledhë gjithçka, i lenë një ethe tjetër. Atëherë në ketë univers vepra është i vetmi shans për të ruajtur ndërgjegjen e tij dhe për të ngulitur aventurat e veta. Të krijosh do të thotë të jetosh: dy herë. Kërkimi i ndrojtur dhe plot ankth i një Prusti, koleksioni i tij i imët me lule, qilime e ankthe, kanë pikërisht këtë kuptim. Në të njëjtën kohë, ky kërkim nuk ka më shumë rëndësi sesa krijimi i vazhdueshëm dhe i paçmueshëm i veprimtarisë së përditshme të komedianit, ngadhnjimtarit dhe të gjithë njerëzve absurde. Të gjithë përpiqen të imitojnë, të përsërisin e të rikrijojnë realitetin e tyre. Ne gjithmonë, më në fund, marrim pamjen e të vërtetave tona. E gjithë ekzistenca, për një njeri që ia kthyer shpinën amshimit, është vetëm një imitim i pamasë nën maskën e absurdit. Krijimi është imitim i lartë.

Këta njerëz, në fillim dinë, dhe pastaj i gjithë mundimi tyre shkon për të përshkuar, zmadhuar e pasuruar ishullin pa të ardhme që sapo zbuluan. Por në fillim duhet të dish. Sepse zbulimi absurd përkon me një çast qetësie ku përpunohen dhe përligjen pasionet e ardhshme. Po njerëzit pa ungjill kanë Malin e tyre të ullinjve. Por as këtu nuk duhet t'i zërë gjumi. Për njeriun absurd nuk shtrohet problemi për të shpjeguar e zgjidhur por për të ndier e përshkruar. Gjithçka fillon me indiferencën e kthjellët.

Të përshkruajë, ja ky është synimi i fundit i një mendimi absurd. Edhe shkenca, kur arrin në kufijtë e paradokseve të saj, pushon se propozuari dhe ndalet të soditë e të vizitojë peizazhet gjithmonë të virgjëra të dukurive. Zemra na mëson që emocioni që na ngre peshë para fytyrave të botës nuk buron nga thellësitë e saj, por nga larmia e fytyrave. Shpjegimi është i kotë, po ndjesia mbetet dhe, bashkë me to, thirrjet e parreshtura të një universi të pashtershëm në sasi. E kuptojmë vendin e veprës së artit.

Ajo shënon njëherësh vdekjen e një përvoje dhe shumimin e saj. Ajo është si një përsëritje monotone dhe e pasionuar e temave tashmë të orkestruara nga bota: trupi, pamja e pashtershme në frontonin e tempujve, format ose ngjyrat, numri ose fatkeqësia. Pra, nuk është pa interes për të çuar deri në fund kërkimin e temave kryesore të kësaj eseje në universin e mrekullueshëm e foshnjarak të krijuesit. Do të gabonim po të shihnim aty një simbol dhe të mendonim që vepra artistike mund të përfillet, më në fund, si një strehëz për absurdin. Ajo është një dukuri absurde dhe shtrohet vetëm problemi i përshkrimit të saj. Ajo nuk na propozon ndonjë zgjidhje për brengën e mendjes. Ajo është, përkundrazi, një nga shenjat e kësaj të keqeje që e pasqyron në të gjithë mendimin e një njeriu. Po përherë të parë, ajo nxjerr në pah vetë mendjen dhe e vendos përballë të tjerëve jo që aty të humbë rrugën ose vetveten, po për t'i treguar saktësisht me gisht, rrugën pa krye ku janë futur të gjithë. Në kohën e arsyetimit absurd, krijimi vjen pas indiferencës e zbulimit. Ajo shënon pikën ku pasionet absurde gjallërohen dhe ku arsyetimi ndalet. Për rrjedhojë, përligjet vendi që zë në këtë ese.

Do të mjaftonte të nxirrnim në pah disa tema të përbashkëta për krijuesin e mendimtarin me qëllim që të zbulonim në veprat e artit të gjitha kontradiktat e mendimit të angazhuar brenda absurdit. Në fakt, nuk janë aq shumë përfundimet e njëjta që i afrojnë arsyetimet sesa kontradiktat e tyre të përbashkëta. Kështu ndodh edhe me mendimin e krijimin. Nuk besoj se është e nevojshme të them që i njëjti shqetësim e shtyn njeriun në këto qëndrime. Në fillim, ato përkojnë për këtë arsye. Por nga të gjitha mendimet që burojnë nga absurdi, kam vërejtur se shumë pak qëndronin aty. Dhe nga këto shmangie ose tradhti kam arritur ta vlerësoj më mirë atë çfarë i përket vetëm absurdit. Paralelisht, pyes veten: një vepër absurde a është e mundur?

Nuk do të mund të ngulmonim shumë për arbitraritetin e kundërtisë së vjetër midis artit e filozofisë. Po ta marrim në një kuptim shumë të përpiktë, me siguri që ajo është e rreme. Nëse duam vetëm të themi që këto dy disiplina kanë secila klimën e saj të veçantë, kjo gjë pa dyshim është e vërtetë, po e mjergullt. I vetmi argumentim i pranueshëm qëndron në kontradiktën midis filozofit të mbyllur në mes të sistemit të vet dhe artistit përballë veprës së vet. Por kjo gjë është e vlefshme për një formë të caktuar arti e filozofie që na duket këtu si dytësore. Ideja e një arti të shkëputur nga krijuesi i tij nuk është vetëm e vjetruar. Ajo është e gabuar. Në kundërvënie me artistin, tregojnë se asnjë filozof nuk ka krijuar kurrë shumë sisteme. Por kjo është e vërtetë në atë masë që asnjë artist nuk ka shprehur kurrë më shumë se një gjë, veçse në pamje të ndryshme. Përkryerja e menjëhershme e artit, nevoja e tij për ripërtëritje, kjo është e vërtetë vetëm si paragjykim. Sepse edhe vepra e artit është një konstruksion dhe çdonjëri e di se sa monotonë mund të jenë krijuesit e mëdhenj. Artisti, po ashtu si mendimtari, angazhohet e ndryshon vetveten në veprën e tij. Kjo osmozë shtron problemin më të rëndësishëm estetik. Për më tepër, asgjë nuk është më e kotë sesa këto dallime sipas metodës e objektit për atë njeri që është i bindur për unitetin qëllimor të mendjes. Nuk ka kufij midis disiplinave të krijuara nga njeriu për të kuptuar e dashuruar. Ato ndërdepërtohen dhe i njëjti ankth i përshkon.

Kjo është e nevojshme të thuhet sa për të filluar. Që një vepër absurde të jetë e mundur, duhet që mendimi në formën e vet më të kthjellët të marrë pjesë. Por në të njëjtën kohë duhet që ai të mos shfaqet fare, veçse si arsye që komandon. Ky paradoks shpjegohet sipas absudit. Vepra e artit lind nga mospranimi i mendjes që të arsyetojë mbi konkreten. Ajo shënon triumfin e trupores. Mendimi i kthjellët e provokon, por në këtë akt ai vetëmohohet. Ai nuk i bën dot ballë tundimit për t' i shtuar përshkrimit një kuptim më të thellë, ndonëse e di që është i paligjshëm. Vepra artistike mishëron një dramë të mendjes, por ajo paraqitet si provë vetëm tërthorazi. Vepra absurde kërkon një artist të ndërgjegjshëm për këtë kufizim dhe një art ku konkretja të mos pasqyrojë asgjë më shumë se vetveten. Ajo nuk mund të jetë as qëllimi, as kuptimi dhe as ngushëllimi i një jete. Të krijosh ose të mos krijosh, nuk ndryshon asgjë. Krijuesi absurd nuk është i lidhur më me veprën e tij. Ai mund të heqë dorë, ndonjëherë heq dorë. Mjafton një Abisini.

Në këtë shembull mund të shohim në të njëjtën kohë një rregull estetik. Vepra e vërtetë artistike është gjithmonë e përmasave njerëzore. Ajo është thelbësisht ajo që thotë, "pak". Ekziston njëfarë marrëdhënieje midis përvojës globale të artistit dhe veprës që e pasqyron, midis Vilhelm Masterit dhe pjekurisë së Gëtes. Kjo marrëdhënie është e keqe kur vepra pretendon të japë të gjithë përvojën në faqet e një letërsie shpjeguese. Kjo marrëdhënie është e mirë kur vepra është vetëm një copë e përgatitur brenda përvojës, ajo faqe e diamanti ku ndriçimi i brendshëm fokusohet pa u kufizuar. Në rastin e parë ka mbingarkesë dhe pretendim për përjetësi. Në të dytin, kemi një vepër pjellore për shkak të një nënkuptimi të tërë përvoje, pasuria e së cilës merret me mend. Për artistin absurd shtrohet problemi të sigurojë atë dije për jetën që kapërcen përvojën. Në mbyllje, në këto kushte, artisti i madh është para së gjithash një njeri i dhënë shumë pas jetesës, ku të jetosh do të thotë këtu edhe të ndiesh edhe të mendosh. Vepra, pra, mishëron një dramë mendore. Vepra absurde ilustron heqjen dorë të mendimit nga prestigjet e tij dhe nënshtrimin e tij për të qenë këtej e tutje vetëm mendja që vë në veprim shfaqjet dhe mbulon me figura atë çfarë nuk ka arsye. Nëse bota do të ishte e qartë arti nuk do të ishte.

Nuk e kam fjalën këtu për artet e formës ose të ngjyrës ku mbretëron vetëm përshkrimi në thjeshtësinë e tij të shkëlqyeshme. Shprehja fillon aty ku mbaron mendimi. Këta adoleshentë me sy të zbrazët që mbushin muzeumet dhe tempujt e kanë filozofinë në gjestet e tyre. Për një njeri absurd ajo është shumë më mësimdhënëse se të gjitha bibliotekat. Nga një aspekt tjetër, kështu është edhe me muzikën. Nëse ndonjë art është privuar nga dhënia e këshillave, kjo është muzika. Ajo i ngjan shumë matematikës dhe ka huazuar prej saj formalizmin. Kjo lojë e mendjes me vetveten, sipas ligjeve të caktuara e të llogaritura nga ne, zhvillohet në hapësirën tingullore që është e jona dhe që përtej së cilës dridhjet takohen megjithatë, vetëm në një univers jonjerëzor. Nuk ka ndijim më të pastër. Këta shembuj janë shumë të lehtë. Njeriu absurd i njeh si të tijat këto harmoni dhe forma.

Por këtu, do të doja të flisja për një vepër ku tundimi për të shpjeguar është i fuqishëm, ku iluzioni shfaqet vetvetiu, ku përfundimi është pothuajse i pashmangshëm. Dua të them krijimi romanesk. Pyes veten nëse absurdi mund të qëndrojë aty.

Të mendosh, do të thotë, para së gjithash, të dëshirosh të krijosh një botë (ose të kufizosh botën tënde, që është e njëjta gjë). Do të thotë të nisesh nga mosmarrëveshja themelore që ndan njeriun nga përvoja e tij për të gjetur një terren mirëkuptimi në pajtim me nostalgjinë e tij, një univers i futur, në korsetin e arsyes ose i ndriçuar nga analogji që bëjnë të mundur zgjidhjen e papajtueshmërisë së padurueshme.

Filozofi, qoftë ky Kanti vetë, është krijues. Ai ka personazhet, simbolet e tij dhe veprimin e tij të fshehtë. Ai ka zgjidhjet e veta. Në të kundërtën, përparësia e romanit ndaj poezisë e esesë vetëm se pasqyron, pavarësisht nga dukjet, një intelektualizëm më të madh të artit. Të merremi vesh, është fjala për më të mëdhenjtë. Begatia e madhështia e një gjinie artistike maten shpesh me mbeturinat që përmban. Numri i madh i romaneve të këqinj nuk duhet të na bëjë që të harrojmë madhështinë e më të mirëve. Këta të fundit kanë me vete universin e tyre. Romani ka logjikën, arsyetimet, intuitën e postulatet e tij. Ka gjithashtu kërkesat e tij për qartësi.

Shumë pak, në të kundërtën, mund ta përfytyrojnë veten poetë ose hartues frazash. Por nga çasti kur mendimi fitoi përparësi ndaj stilit, turma pushtoi romanin.

Kjo nuk është një e keqe aq e madhe sa duan të thonë më të mirët, priren të forcojnë kërkesat ndaj vetvetes. Ata që rrëzohen rrugës, nuk meritojnë të mbijetojnë.

Kundërtia klasike, për të cilën fola më lart, përligjet edhe më pak në këtë rast të veçantë. Ajo vlente në kohën kur ishte e lehtë të ndaje filozofinë nga autori i saj. Sot, kur mendimi nuk pretendon më të jetë i përbotshëm, kur historia e tij më e mirë do të ishte ajo e pendimeve të tij, ne e dimë që sistemi, kur është i vlefshëm, nuk ndahet nga autori i vet. Vetë Etika, në një nga aspektet e saj, është vetëm një konfidencë e gjatë dhe e përpiktë. Mendimi abstrakt bashkohet më në fund me mbështëtesen e vet trupore. Po ashtu lojërat romaneske të trupit e të pasioneve organizohen pak më tepër sipas një vizioni të botës. Nuk tregohen më "historira", por krijohet një univers. Romancierët e mëdhenj janë romancierë filozofë, domethënë e kundërta e shkrimtarëve të veprave me teza. Si për shembull, Balzaku, Sadi, Melvili, Stendali, Dostojevski, Prusti, Malroi, Kafka, për të cituar vetëm disa prej tyre.

Po pikërisht zgjedhja e tyre për të shkruar me figura në vend të arsyetimit dëshmon për njëfarë mendimi të tyre të përbashkët që është i bindur si për kotësinë e çdo parimi shpjegues, edhe për mesazhin mësimdhënës të shfaqjes së ndjeshme. Ata e përfillin veprën njëherësh si fund dhe fillim. Ajo është përfundimi i një filozofie shpesh të pashprehur, ilustrimi dhe kurorëzimi i saj. Por ajo është e plotë vetëm nëpërmjet nënkuptimeve të kësaj filozofie. Ajo përligj, më në fund, këtë variant të një teme të vërtetë që më shumë afron se largon mendim nga jeta. I paaftë të ndryshojë realen, mendimi mjaftohet me imitimin e saj. Romani, për të cilin po flasim, është instrument i kësaj njohjeje njëherësh relative dhe të pashtershme, aq i ngjashëm me atë të dashurisë. Nga dashuria krijimi romanesk merr mrekullimin fillestar dhe përsiatjen e begatë.

Këto janë, të paktën, meritat që unë ia njoh që në fillim. Por unë ua njihja edhe atyre princave të mendimit të poshtëruar që më pas u kam soditur vetëvrasjen. Ajo çfarë më intereson është të njoh e të përshkruaj forcën që i çon drejt rrugës së përbashkët të iluzionit. Të njëjtën metodë do të përdor këtu. Meqë e kam përdorur njëherë do të më lejojë të shkurtoj arsyetimin dhe ta përmbledh pa vonesë në një shembull të përpiktë. Dua të di nëse, duke pranuar të jetoj domosdo, a mund të pranoj gjithashtu të punoj e krijoj domosdo, dhe cila është rruga që të çon te këto liri. Dua ta çliroj universin tim nga fantazmat e tij dhe ta mbush vetëm me të vërtetat e trupit, praninë e të cilave nuk mund ta mohoj. Unë mund të bëj vepër absurde, të zgjedh qëndrimin krijues në vend të një tjetri. Por një qëndrim absurd që të mbetet i tillë duhet të jetë i ndërgjegjshëm për padobinë e tij. Po kështu edhe me veprën. Nëse kërkesat e absurdit nuk respektohen në vepër, nëse ajo nuk ilustron divorcin dhe revoltën, nëse ajo u bën lëshime iluzioneve dhe ngjall shpresë, ajo nuk është më e padobi. Nuk mund të shkëputem më prej saj. Jeta ime mund të gjejë aty një kuptim: kjo është qesharake. Ajo nuk është më ky ushtrim distancimi dhe pasioni që tret shkëlqimin e padobinë e një jete njeriu.

Në krijimtari ku tundimi për të shpjeguar është më i forti, a mund ta kapërcejmë këtë tundim? Në botën e rreme ku ndërgjegja e botës reale është më e forta, a mund ti qëndrojmë besnik absurdit, pa iu bindur dëshirës për të nxjerrë përfundime? Sa shumë pyetje në një përpjekje të fundit. Tani e dimë se çfarë kuptimi kishin. Janë brejtjet e fundit të një ndërgjegjeje që ka frikë të braktisë këshillën e saj të parë e të vështirë për tu dhënë pas një iluzioni të fundit.

Ajo që është e vlefshme për krijimtarinë, e konsideruar si një nga qëndrimet e mundshme të njeriut që njeh absurdin, vlen për të gjitha stilet e jetës që i paraqiten atij. Ngadhnjimtari ose aktori, krijuesi ose Don Zhuani mund të harrojnë që ushtrimi i tyre i të jetuarit nuk mund të shkojë pa ndërgjegjen e karakterit të tij të paarsyeshëm. Mësohesh shumë shpejt. Ne duam të fitojmë para për të jetuar të lumtur dhe të gjitha përpjekjet dhe pjesa më e bukur e jetës harxhohen për sigurimin e kësaj paraje. Lumturia harrohet, mjeti merret për qëllim. Po ashtu, të gjitha përpjekjet e ngadhënjmtarit do të ushqejnë ambicien që ishte vetëm një rrugë për të çuar të një jetë më e madhe. Don Zhuani, nga ana e tij, do ta pranojë gjithashtu fatin e vet, do të kënaqet me këtë jetë, madhështia e së cilës ka vlerë vetëm nëpërmjet revoltës. Për njërin është ndërgjegja, për tjetrin është revolta, në të dy rastet, absurdi u zhduk. Ka shumë shpresë të fortë në zemrën njerëzore. Njerëzit më të pandjeshëm ndonjëherë e pranojnë më në fund iluzionin. Ky pranim i diktuar nga nevoja e paqes është vëlla i pranimit ekzistencial. Kështu ka perëndi të dritës dhe idola të fëlliqësisë. Por rruga e mesme të çon te pamjet e njeriut që po kërkojmë.

Deri tani janë dështimet e kërkesës absurde, të cilat na kanë mësuar më mirë se çfarë është. Në të njëjtën mënyrë, do të na mjaftonte për të qenë në dijeni, të vërenim se krijimi romanesk mund të paraqesë të njëjtin ambiguitet si disa filozofi. Pra, mund të zgjedh për ilustrim, një vepër ku të gjendet gjithçka që karakterizon ndërgjegjen absurde dhe ku fillimi të jetë i qartë dhe klima e kthjellët. Rrjedhojat e saj do të na udhëzojnë. Nëse absurdi nuk respektohet, do të dimë se nga ka depërtuar iluzioni. Një shembull i caktuar, një temë, një vazhdimësi krijuese do të mjaftonin. Është fjala për të njëjtën analizë që e kemi bërë tashmë.

Do të analizoj një temë të zgjedhur të Dostojevskit. Po kështu, mund të studioja edhe vepra të tjera. Por te vepra e Dostojevskit, problemi trajtohet drejtpërdrejt, në kuptimin e madhështisë e të emocionit, ashtu si për mendimet ekzistenciale, për të cilat kemi folur. Ky paralelizëm më ndihmon në shtjellimin e çështjes.

Kirilovi

Të gjithë heronjtë e Dostojevskit janë në kërkim të kuptimit të jetës. Në këtë drejtim ata janë modernë: nuk kanë frikë se mos bëhen qesharakë. Dallimi midis ndjeshmërisë moderne dhe asaj klasike është se kjo e dyta ushqehet me probleme morale, ndërsa e para me probleme metafizike. Në romanet e Dostojevskit çështja shtrohet me një intensitet të tillë që pranon vetëm zgjidhje të skajshme. Ekzistenca është e rreme ose e përjetshme. Nëse Dostojevski do të kënaqej vetëm me këtë analizë, do të ishte filozof. Por ai ilustron rrjedhojat që këto akrobaci të mendimit mund të kenë në jetën njerëzore dhe këtu ai sillet si artist. Midis rrjedhojave, tërheq vëmendjen ajo e fundit, të cilën, në "Ditari i një shkrimtari", ai vetë e quan vetëvrasja logjike. Në shkrimet e dorëzuara për botim në dhjetor të vitit 1876, në fakt, ai përfytyron arsyetimin e "vetëvrasjes logjike". I bindur se ekzistenca njerëzore është një absurditet i përkryer për të, gjithë ata që nuk besojnë te pavdekësia, njeriu i dëshpëruar arrin në përfundimet e mëposhtme:

"Meqenëse për dilemat e mia mbi lumturinë m'u dha si përgjigje, me ndërmjetësinë e ndërgjegjes sime, se unë nuk mund të jem i lumtur veçse brenda harmonisë me gjithësinë, që nuk e konceptoj dhe nuk do të jem kurrë në gjendje ta konceptoj, është e qartë…

"Megenëse, më në fund, në këto rrethana, unë jam njëkohësisht edhe ai që ankohet edhe ai që përgjigjet, edhe i akuzuari dhe gjykatësi, dhe meqë kjo komedi e natyrës me duket fare idiote aq sa më duket poshtëruese të pranoj të luaj…

"Në cilësinë time të padiskutueshme të ankuesit dhe fajtorit, të gjykatësit dhe të të akuzuarit, unë e dënoj këtë natyrë, e cila me një shkujdesje të paturpshme më solli në jetë për të vuajtur – e dënoj që të asgjësohet bashkë me mua".

Në këtë qëndrim vazhdon të këtë pak humor. Ky i vetëvrarë vret veten sepse në rrafshin metafizik, është i fyer. Në njëfarë kuptimi, ai hakmerret. Kjo është mënyra e tij për provuar se nuk "do ta fusin në grackë". Megjithatë, e dimë se e njëjta temë mishërohet, por me një gjerësi të admirueshme, te Kirilovi, personazhi i "Djajve", përkrahës i vetëvrasjes logjike. Inxhinieri Kirilov shpall diku se dëshiron t'i japë fund jetës, sepse "kjo është ideja e tij". Kuptohet se këtë fjalë duhet ta marrim në kuptimin e saj të mirëfilltë. Ai përgatitet të vdesë për një ide, për një mendim. Kjo është vetëvrasja superiore.

Doradorës, përgjatë skemave ku maska e Kirilovit ndriçohet pak nga pak, na jepet mendimi i vdekjes që e frymëzon. Inxhinieri, në fakt,. përsërit arsyetimet e Ditarit. Ai e ndien që Zoti është i nevojshëm dhe se ai duhet të ekzistojë. Por ai e di që zoti nuk ekziston dhe që as mund të ekzistojë. "Si nuk e kupton, thotë ai me zë të lartë, që kjo është një arsye e mjaftueshme për të vrarë veten?" Ky qëndrim shoqërohet tek ai edhe me disa rrjedhoja absurde. Prej indiferencës, ai pranon të përdoret vetëvrasja e tij në interes të një çështjeje që ai përbuz. "Sonte vendosa që kjo gjë për mua ishte njëlloj". Ai përgatitet për gjestin e vet me një ndjenjë revolte dhe lirie. Do të vras veten për të pohuar pavarësinë time, lirinë time të re e të tmerrshme". Nuk bëhet më fjalë për hakmarrje, po për revoltë.

Kirilovi është, pra, një personazh absurd, megjithatë, me të vetmen rezervë thelbësore që vret veten. Por ai vetë e shpjegon këtë kontradiktë në një mënyrë të tillë që zbulon, në të njëjtën kohë, sekretin absurd në formën e tij të kulluar. Logjikës së tij të vdekjes ai i shton, në fakt, një ambicie të jashtëzakonshme që i hap personazhit gjithë perspektivën: dëshiron të vrasë veten për tu bërë Perëndi.

Arsyetimi është i një qartësie klasike. Nëse Zoti nuk ekziston Kirilovi është Zot. Nëse Zoti nuk ekziston, Kirilovi, duhet të vrasë veten. Kirilovi, pra, duhet të vrasë veten për tu bërë Zot. Kjo logjikë është absurde, por pikërisht kjo duhet. Megjithatë me interes do të ishte që t'i jepej një kuptim kësaj hyjnie të zbritur mbi tokë. Kjo çon në ndriçimin e premisës: "Nëse Zoti nuk ekziston, unë jam Zot", që vazhdon të jetë mjaft e errët. Është e rëndësishme të nënvizohet fillimisht se njeriu, i cili shfaq këtë pretendim të paarsyeshëm, i përket plotësisht kësaj bote. Ai bën gjimnastikë çdo mëngjes për të ruajtur formën e tij shëndetësore. Ai preket nga gëzimi i Shatovit kur takoi përsëri gruan e tij. Në një letër që do të gjendet pas vdekjes së tij, ai dëshiron të vizatojë një figurë që "t'i" përqeshë. Ai është foshnjarak dhe i zemëruar, i pasionuar, metodik dhe i ndjeshëm. Nga mbinjeriu ai ka vetëm logjikën dhe idenë fikse, nga njeriu ka gjithë të tjerat. Megjithatë, ai flet qetësisht për hyjësinë e vet. Ai nuk është i çmendur ose Dostojevski është i çmendur. Pra, nuk frymëzohet nga ndonjë iluzion megalomani. Dhe të marrësh fjalët në kuptimin e tyre të mirëfilltë do të ishte, këtë radhë, qesharake.

Vetë Kirilovi na ndihmon ta kuptojmë më mirë. Në përgjigje të një pyetjeje të Stavroginit, ai saktëson se nuk po flet për ndonjë Përendinjeri. Mund të mendohej se kjo bëhet nga dëshira për tu dalluar nga Krishti. Por, në të vërtetë, bëhet fjalë për ta aneksuar këtë të fundit.

Kirilovi, në fakt, përfytyron një çast ku Jezusi i vdekur nuk gjendet në Parajsë. Atëherë, ai kupton se tortura e tij kishte qenë e padobishme."Ligjet e natyrës, thotë inxhinieri, kanë bërë që Krishti të jetojë në mes të mashtrimit dhe të vdesë për një gënjeshtër". Vetëm në këtë kuptim, Jezusi mishëron mirë të gjithë dramën njerëzore. Ai është njeriu-i-përkryer, duke qenë ai që ka realizuar gjendjen më absurde. Ai nuk është Perëndia-njeri, por njeriu Perëndi. Dhe si ai, secili nga ne mund të kryqëzohet e të mashtrohet dhe të jetë i tillë në njëfarë mase.

Hyjnia, për të cilën po flasim, është, pra tërësisht tokësore. "Për tre vjet kam kërkuar, thotë Kirilovi, atributin e hyjësisë sime dhe e gjeta. Atributi i hyjësisë sime është pavarësia". Këtej e tutje, kuptohet domethënia e premisës kiriloviane: "Nëse Zoti nuk ekziston, unë jam Zot". Të bëhesh Perëndi do të thotë të jesh i lirë mbi tokë, të mos i shërbesh një qenieje të pavdekshme. Mbi të gjitha sigurisht, duhet të nxirren të gjitha rrjedhojat e kësaj pavarësie të dhembshme. Nëse Zoti ekziston, gjithçka varet prej tij dhe ne nuk kemi asnjë forcë kundër vullnetit të tij. Nëse ai nuk ekziston, gjithçka varet nga ne. Për Kirilovin, ashtu si dhe për Niçen, të vrasësh Zotin do të thotë të bëhesh vetë Zot – do të thotë të bësh realitet, që mbi tokë, jetën e amshuar, për të cilën flet Ungjilli.

Por në qoftë se ky krim metafizik mjafton për realizimin e njeriut, përse të shtojmë vetëvrasjen? Përse të vrasësh veten, të largohesh nga ko botë! Pasi të kesh fituar lirinë? Kjo është kontradiktore. Kirilovi e di mirë këtë gjë meqë thotë: "Nëse ti e ndien këtë, ti je car dhe, në vend që të vrasësh veten, ti do të jetosh në kulmin e lavdisë". Por njerëzit nuk e dinë këtë. Ata nuk e ndiejnë "këtë gjë". Si në kohën e Prometeut, ata ushqejnë në vetvete shpresa të verbra. Ata kanë nevojë që tu tregohet rruga dhe nuk, mund të bëjnë pa predikimin. Kirilovi duhet, pra, të vrasë veten nga dashuria për njerëzimin. Ai duhet tu tregojë vëllezërve të tij një rrugë fisnike e të vështirë nga ku kalon vetë i pari. Kjo është një vetëvrasje pedagogjike. Kirilovi, pra, sakrifikohet. Por nëse kryqëzohet, ai nuk do që të mashtrohet. Ai mbetet njeriu-perëndi, i bindur për një vdekje pa të ardhme, i përshkuar nga melankolia ungjillore. "Unë, thotë ai, jam fatkeq, sepse jam detyruar të pohoj lirinë time". Pas vdekjes së tij, e kur njerëzit më në fund të kuptojnë, kjo tokë do të popullohet nga ne dhe do të ndriçohet nga lavdia njerëzore. E shtëna me pistoletë e Kirilovit do të jetë sinjali i revolucionit përfundimtar, për rrjedhojë, drejt vdekjes nuk e shtyn dëshpërimi, por dashuria e të afërmëve për vetveten. Para se ta mbytë në gjak një aventurë të patreguershme shpirtërore, Kirilovi thotë një fjalë aq të lashtë sa edhe dhembja njerëzore: "Gjithçka është mirë".

Tema e vetëvrasjes të Dostojevskit është, pra një temë absurde. Para se të shkojmë më tej, duhet të vërejmë se Kirilovi shfaqet përsëri edhe te personazhet e tjera, të cilat, gjithashtu, shtjellojnë tema të tjera absurde. Stavrogini e Ivan Karamazovi, në jetën praktike, vënë në provë të vërtetat absurde. Këta i çliron vdekja e Kirilovit. Ata përpiqen të bëhen carë. Stavrogini bën një jetë "ironike". Ne e dimë mirë se çfarë jete. Përqark vetes ai ngjall urrejtje. Dhe megjithatë, fjala kyç e këtij personazhi gjendet në letrën e tij të lamtumirës: "Nuk kam mundur të urrej asgjë". Ai është car brenda indiferencës. Edhe Ivani bëhet i tillë duke mos pranuar të heqë dorë nga pushteti mbretëror i mendjes. Atyre që, si i vëllai, provojnë me jetën e tyre se duhet të poshtërohesh për të besuar, ai do të mund tu përgjigjej se kjo gjendje është e padenjë. Fjala e tij kyç është "Gjithçka lejohet", me një nuancë trishtimi që shkon për shtat. Sigurisht, si Niçja, vrasësi më i famshëm i perëndive, ai përfundon në çmenduri. Por ky rrezik duhej të kalohej, dhe përballë këtyre përfundimeve tragjike, lëvizja thelbësore e mendjes absurde është të pyesë "Çfarë provon kjo gjë?"

Për rrjedhojë, romanet ashtu si Ditari shtrojnë çështjen absurde. Ata e çojnë logjikën deri te vdekja, ekzaltimi, liria e "tmerrshme", -lavdia e carëve që bëhet njerëzore. Gjithçka është mirë, gjithçka lejohet dhe asgjë nuk është e neveritshme: këto janë gjykime absurde. Por sa e mrekullueshme është kjo krijimtari, ku këto qenie prej zjarri e akulli na duken aq të afërta! Bota e pasionuar e indiferencës që gjëmon në zemrat e tyre nuk na duket aspak e përbindshme. Ne aty takojmë ankthet tona të përditshme. Pa dyshim, askush nuk ka ditur si Dostojevski t'i japë botës absurde një emër aq të afërt dhe aq torturues.

Megjithatë, cili është përfundimi i tij? Dy citime do të nxjerrin në pah përmbysjen e plotë metafizike që e çon shkrimtarin drejt zbulimeve të tjera. Meqë arsyetimi i të vetëvrarit logjik shkaktoi disa pakënaqësi te kritikët, Dostojevski, në fashikujt vijues të "Ditarit", shtjellon qëndrimin e vet dhe përfundon kështu: "Në qoftë se besimi te pavdekësia është aq i nevojshëm për qënien njerëzore (dhe që pa të njeriu përfundon në vetëvrasje), kjo do të thotë se është gjëndja normale e njerëzimit. Meqenëse është kështu, pavdekësia e shpirtit njerëzor ekziston pa asnjë dyshim". Nga ana tjetër, në mbyllje të romanit të vet të fundit, në përfundim të një beteje gjigande me Zotin, disa fëmijë e pyesin Aljoshën: "Karamazov, është e vërtetë ajo që thotë feja se ne do të ringjallemi në botën e të vdekurve, që do të takojmë njëri-tjetrin?" Dhe Aljosha përgjigjet: "Sigurisht, ne do të takohemi, ne do t'i tregojmë njëri- tjetrit me gëzim gjithka ka ndodhur".

Kështu, Kirilovi, Stavrógini dhe Ivani mposhten. "Kararnazovët" u përgjigjen "Djajve". Dhe është fjala pikërisht për një përfundim. Rasti i

Aljoshës nuk është i dykuptimtë si ai i princit Muishkin. I sëmurë, ky i fundit jeton në një të tashme të përjetshme, të nuancuar nga buzëqeshje e indiferencë, dhe kjo gjendje lumturie mund të ishte jeta e amshuar, për të cilën flet princi. Përkundrazi, Aljosha e thotë mirë: "Do të takohemi". Nuk bëhet më fjalë për vetëvrasje për çmenduri. Çfarë vlere do të kishte për atë që është i sigurtë për pavdekshmërinë dhe gëzimet e saj? Njeriu e shkëmben hyjninë e vet me lumturinë. "Ne do t'i tregojmë njëri-tjetrit me gëzim gjithçka ka ndodhur". Kështu që pistoleta e Kirilovit ka krisur diku në Rusi, po bota vazhdoi të qarkullonte shpresat e saj të verbra. Njerëzit nuk e kuptuan "këtë gjë".

Pra, nuk kemi një romancier absurd që na flet, por një romancier ekzistencial. Këtu përsëri hopi është prekës, i jep madhështinë artit që e frymëzon. Ky është një aderim prekës, i mbrujtur me dyshime, i pasigurtë dhe i zjarrtë. Duke folur për "Karamazovët", Dostojevski shkruan: "Çështja kryesore që do të shtjellohet në të gjitha pjesët e këtij libri është ajo për të cilën kam vuajtur me ndërgjegje ose jo gjithë jetën time: "Ekzistenca e Zotit". Është e vështirë të besohet që një roman është i mjaftueshëm për të transformuar në siguri të gëzueshme vuajtjen e një jete të tërë. Një komentues vëren me të drejtë: "Dostojevski bashkëpunon me Ivanin dhe kapitujt pohues të Karamazovëve i kërkuan tre muaj përpjekje, ndërsa ato që ai i quante "blasfema" u hartuan për tri javë me frymëzim. Të gjitha personazhet e tij e kanë këtë plagë në trup që i ngacmon ose që kërkon të shërohet te ndjeshmëria ose te imoraliteti.

Le të ndalemi, në të gjitha rastet, te ky dyshim. Ja një vepër, ku në një dritëhije më tronditëse se drita e ditës, ne mund të rrokim luftën e njeriut kundër shpresave të tij. Kur arrin në fund, krijuesi zgjedh kundër personazheve të vet. Kjo kontradiktë na lejon të shtojmë një nuancë. Këtu nuk bëhet fjalë për një vepër absurde, po për një vepër që shtron problemin absurd.

Përgjigjja e Dostojevskit është poshtërimi, "turpi" sipas Stavroginit. Një vepër absurde, përkundrazi, nuk jep përgjigje, ja këtu qëndron i gjithë dallimi. Në përfundim, duhet të nënvizojmë: absurdi i kësaj vepre nuk kundërshtohet nga karakteri i saj i krishterë, por nga lajmërimi që bën për jetën e ardhme. Mund të jesh i krishterë dhe absurd. Ka shembuj të krishterësh që nuk besojnë në jetën e ardhshme. Përsa i përket veprës artistike, është, pra, e mundur të saktësohet një nga drejtimet e analizës absurde që kemi parandier në faqet e mëparshme. Ajo të çon te shtrimi i problemit të "absurdit të ungjillit". Ajo ndriçon idenë, pjellore në zhvillime të reja, se bindjet nuk pengojnë pabesueshmërinë. Përkundrazi, shohim qartë se autori i "Djajve" i familjarizuar me këto rrugë, ka zgjedhur në mbyllje një rrugë krejtësisht të ndryshme. Përgjigja befasuese e krijuesit për personazhet e tij, e Dostojevskit për Kirilovin, mundet në fakt të përmblidhet kështu: Ekzistenca është e rreme dhe ajo është e përjetshme.

Krijimtaria efemere

Vërej, pra, se shpresa nuk mund të shmanget përgjithmonë dhe se ajo mund të pushtojë vetë ata që kujtonin se ishin çliruar prej saj. Për këtë arsye, më duken me interes veprat, për të cilat kemi folur deri këtu. Do të mundja, të paktën në lëmin e krijimit, të numëroja disa vepra me të vërtetë absurde. Po për çdo gjë duhet një fillim. Objekti i kësaj analize është një lloj besnikërie. Kisha është treguar shumë e ashpër me heretikët, sepse mendonte që nuk ka armik më të rrezikshëm se fëmija që ka humbur udhën. Por historia e guximit gnostik dhe qëndueshmëria e rrymave manikiane kanë kontribuar për formimin e dogmës ortodokse më shumë se të gjitha lutjet. Duke ruajtur përmasat, e njëjta gjë ndodh me absurdin. Udhën e tij mund ta njohim duke zbuluar rrugët që largohen prej tij. Në përfundim të arsyetimit absurd, në një nga qëndrimet e diktuara nga logjika, nuk është pa interes të gjejmë përsëri shpresën e paraqitur nën një nga pamjet e saj më patetike. Kjo dëshmon për vështirësinë e askezës[1] absurde. Kjo dëshmon, mbi të gjitha, për domosdoshmërinë e një ndërgjegjeje në lëvizje të vazhdueshme dhe kështu përfshihet në kuadrin e përgjithshëm të kësaj eseje.

Por nëse nuk shtrohet ende problemi i përcaktimit të veprave absurde, është e mundur të an-ijmë, të paktën, në përfundime për qëndrimin krijues, një nga ato që mund të plotësojnë ekzistencën absurde. Artit nuk mund t'i shërbehet më mirë veçse nëpërmjet një mendimi mohues. Përçapjet e tij të paqarta e të poshtëruara janë po aq të nevojshme për kuptimin e një vepre të madhe arti sa është ngjyra e bardhë për zezën. Të punosh e të krijosh "kot" të bësh foma në argjil, ta dish që krijimi yt nuk ka të ardhme, të shohësh veprën që shkatërrohet brenda një dite duke qenë i ndërgjegjshëm se, në thelb,

---

[1] Tërësia e ushtrimeve fizike e morale që synojne të shpëtojnë shpirtin nëpërmjet përçmimit të trupit, sinonim: asketizëm, privim.

kjo nuk ka më shumë rëndësi sesa të ndërtosh për shekujt, me të gjitha këto, mendimi absurd i jep të drejtën e qytetarisë urtësisë së vështirë. Të punosh në këto dy fronte, nga njëra anë, të mohosh dhe nga ana tjetër, të çosh në qiell, kjo është rruga që hapet para krijuesit absurd. Ai duhet t'i japë boshllëkut ngjyrat e tij.

Kjo të çon në një kuptim të veçantë të veprës artistike. Shumë shpesh, vepra e një krijuesi përfillet si një rrjedhë dëshmish të shkëputura. Kështu ngatërrohet artisti me letrarin. Një mendim i thellë është në ndryshim të përhershëm, përqafon përvojën e një jete dhe i përshtatet. Po kështu, krijimi vetëm i një njeriu përforcohet në portretet e tij të njëpasnjëshme e të shumta që janë veprat. Të parat plotësojnë të dytat, i korrigjojnë ose i rregullojnë, i kundërshtojnë gjithashtu. Nëse diçka e përfundon krijimin, kjo gjë nuk është klithma ngadhënjyese e iluzore e artistit të verbuar: "E thashë gjithçka", por vdekja e krijuesit që mbyll përvojën e tij dhe librin e gjenialitetit të tij.

Kjo përpjekje, kjo ndërgjegje mbinjerëzore nuk i bien domosdo në sy lexuesit. Nuk ka asgjë misterioze në krijimtarinë njerëzore. Vullneti është krijuesi i kësaj mrekullie. Por, të paktën, nuk ka krijimtari të vërtetë pa të fshehta. Pa dyshim, një seri veprash mund të jetë vetëm një seri përafrimesh të të njëjtit mendim. Por mund të përfytyrojmë një lloj tjetër krijuesish që veprojnë nëpërmjet bashkërenditjes. Veprat e tyre mund të duken pa lidhje midis tyre. Në njëfarë mase, ato janë kontradiktore. Por të rivendosura në njësitë e tyre përfshirëse, ato e fitojnë përsëri rregullsinë e tyre. Ato e marrin, pra, nga vdekja kuptimin e tyre përfundimtar. Ato marrin kuptimin e tyre më të qartë nga vetë jeta e autorit të tyre. Në këtë çast, vazhdimësia e veprave të tij nuk është gjë tjetër veçse një koleksion dështimesh. Por nëse këto dështime kanë të gjitha të njëjtin tingëllim, kjo do të thotë që krijuesi ka ditur të përsërisë figurën e gjendjes së tij, të bëjë të buçasë e fshehta shterpë që ai zotëron.

Përpjekja për dominim është në këtë rast e madhe. Por zgjuarsia njerëzore ka shumë më tepër mundësi. Ajo vetëm do të provojë aspektin e vullnetshëm të krijimtarisë. Gjetiu kam treguar se vullneti njerëzor ka për qëllim të vetëm të kujdeset për ndërgjegjen. Por kjo gjë nuk mund të bëhet pa disiplinë. Nga të gjitha shkollat e durimit dhe të sqarimit, krijimtaria është më efikasja. Ajo është gjithashtu dëshmia tronditëse e të vetmit dinjitet të njeriut: revoltës së qëndrueshme kundër gjendjes së tij, këmbënguljes në një përpjekje që mbahet për shterpë. Ajo kërkon një përpjekje të përditshme për vetëpërmbajtje, vlerësim të përpiktë të kufijve të së vërtetës, masë dhe forcë. Ajo përbën një askezë. E gjithë kjo bëhet "kot", për të përsëritur dhe për të vendnumëruar. Por ndoshta vepra e madhe artistike nuk ka aq rëndësi në vetvete, sesa në faktin që vë në provë një njeri dhe i jep rastin të mposhtë fantazmat e tij dhe t'i afrohet pak më shumë realitetit lakuriq.

Të mos ngatërrojmë estetikën. Këtu unë nuk po flas për informimin me durim, ilustrimin e vazhdueshëm e shterpë të një teze. Përkundrazi, nëse jam shpjeguar qartë, romani me tezë, vepra që argumenton, më e urrejtshmja nga të gjitha, shpesh frymëzohet nga një mendim i kënaqur. Të vërtetën që besohet se e zotërojmë, ne e vërtetojmë. Këtu kemi të bëjmë me ide që i vëmë në lëvizje, por idetë janë e kundërta e mendimit. Këta krijues janë filozofë të poshtër. Ata, për të cilët po flas ose që kam parasysh, janë përkundrazi mendimtarë që s'kanë iluzione. Në njëfarë pike, atje ku mendimi kthehet te vetvetja, ata paraqesin imazhin e veprave të tyre si simbole të qarta të një mendimi të kufizuar, të vdekshëm e të revoltuar.

Ato ndoshta provojnë diçka. Por këto prova romancieri më shumë i ka për vete sesa për të tjerët. Thelbësore është që ata ngadhënjejnë në lëmin e konkretes dhe aty qëndron madhështia e tyre. Ky ngadhënjim tërësisht trupor është përgatitur nga një mendim ku pushtetet abstrakte nuk janë përfillur. Kur kjo gjë kryhet plotësisht, aspekti trupor menjëherë e ndriçon krijimin me gjithë shkëlqimin e vet absurd. Veprat e pasionuara bëhen nga filozofë ironikë.

Çdo mendim që nuk pranon unitetin, ngre në qiell larminë. Dhe larmia është streha e artit. I vetmi mendim që çliron mendjen është ai që e lë vetëm, të sigurtë për kufizimet e veta dhe për fundin e vet të afërt. Asnjë doktrinë nuk e tërheq. Ajo pret pjekurinë e veprës dhe të jetës. E shkëputur nga mendimi, vepra do të bëjë të dëgjohet edhe një herë zëri paksa i mbytur i një shpirti të çliruar përgjithmonë nga shpresa. Ose nuk do të dëgjohet asgjë, nëse krijuesi, i lodhur nga loja e tij, vendos të heqë dorë. Kjo është e barasvlefshme.

Në këtë mënyrë, unë kërkoj nga krijimtaria absurde atë çfarë i kërkova mendimit, revoltën, lirinë dhe larminë. Më pas, ajo do të shpalosë kotësinë e saj të thellë. Në këtë përpjekje të përditshme ku arsyeja dhe pasioni përzihen dhe ndihmojnë njëri- tjetrin, njeriu absurd zbulon një disiplinë që përbën thelbin e forcave të tij. Zelli, këmbëngulja dhe kthjelltësia bashkohen kështu me qëndrimin ngadhënjyes. Të krijosh do të thotë t'i japësh një formë fatit tënd. Të gjitha këto personazhe vepra e tyre i përcakton, të paktën, po aq sa përcaktohet prej tyre. Komedianët na kanë mësuar se nuk ka kufi midis shfaqjes dhe qenies.

Po e përsërisim. Asgjë nga këto nuk ka kuptim të vërtetë. Në rrugën drejt kësaj lirie, duhet bërë edhe një hap. Përpjekja e fundit për të gjitha ato mendje të afërta, krijuese ose ngadhënjyese, është të dinë si të çlirohen nga ndërmarrjet e tyre: të arrish të pranosh që vetë vepra, qoftë ngadhënjim, dashuri ose krijim, mundet të mos jetë; të kurorëzosh kështu kotësinë e thellë të çdo jete vetjake. Kjo gjë u jep më shumë lehtësi për realizimin e kësaj vepre, ashtu si kuptimi i absurditetit të jetës i shtynte të zhyteshin aty me të gjitha forcat.

Nga e gjithë kjo mbetet një fat, nga i cili vetëm përfundimi është fatal. Me përjashtim të këtij fataliteti të vetëm të vdekjes, gjithçka, gëzim ose lumturi, është liri. Mbetet një botë me njeriun si zot të saj të vetëm. Ajo gjë që i lidhte është iluzioni i një bote tjetër. Fati i mendimit të tij nuk është më të vetëmohohet, por të rishfaqet në mënyrë të figurshme. Ai shfaqet me lehtësi – pa dyshim te mitet – por te mite që nuk kanë brendësi tjetër përveç asaj të dhembjes njerëzore dhe që si ajo janë të pashtershme. Nuk është fabula hyjnore që argëton dhe verbon, por pamja, gjesti dhe drama tokësore ku përmblidhen një urtësi e mundimshme dhe një pasion pa të ardhme.

MITI I SIZIFIT

Perëndit e kishin dënuar Sizifin të ngjisë papushim një shkëmb në majë të një mali, nga ku guri rrokullisej vetvetiu. Ato kishin gjykuar me të drejtë se nuk ka ndëshkim më të tmerrshëm se puna e padobishme dhe e pashpresë.

Po t'i besojmë Homerit, Sizifi është njeriu më i ditur dhe më i kujdesshmi midis të vdekshmëve. Megjithatë, sipas një tradite tjetër, ai tërhiqej nga zanati i kusarit. Nuk më duket se ka kontradiktë. Opinionet janë të ndryshme për shkaqet përse u dënua të bënte në ferr punë të padobishme. Para se gjithash, e qortojnë për mendjelehtësi në sjelljet me perënditë. Nuk i ruajti sekretet e tyre. Egina, vajza e Azopit, u rrëmbye nga Jupiteri. I ati u befasua nga kjo zhdukje dhe u ankua te Sizifi. Ky i fundit, që kishte dijeni për rrëmbimin, i premtoi Azopit t'i tregonte me kusht që ky t'i jepte ujë kështjellës së Korintit. Midis rrufeve qiellore dhe bekimit të ujit, ai zgjodhi të dytin. Për dënim u dërgua në ferr. Homeri na tregon gjithashtu se Sizifi kishte lidhur me zinxhirë Vdekjen. Plutoni nuk mund ta duronte këtë pamje të shkretë e të heshtur të mbretërisë së vet. Ai dërgoi perëndinë e luftës që të çlironte vdekjen nga duart e ngadhënjimtarit.

Tregojnë, gjithashtu, se Sizifit, në prag të vdekjes, i hipi në kokë të vinte në provë dashurinë e gruas së vet. E urdhëroi t'ia hidhte trupin e tij të lënë pa varr në mes të sheshit të qytetit. Për këtë e çuan në ferr. Dhe atje, i zemëruar nga bindja, aq e kundërt me dashurinë njerëzore të së shoqes, i mori leje Plutonit të kthehej në tokë për të ndëshkuar të shoqen. Por kur erdhi përsëri mbi tokë, kur shijoi ujin e diellin, gurët e nxehtë e detin, nuk deshi të kthehej prapë në errësirën e skëterrës. Thirrjet, zemërimet e paralajmërimet ranë në vesh të shurdhër. Edhe për shumë vite, ai jetoi në harkun e gjirit, pranë detit të shkëlqyer dhe buzëqeshjeve të tokës. U desh një vendim i perëndive. Mërkuri erdhi dhe e kapi për zverku të pabindurin dhe duke e shkëputur nga gëzimet e tij, e çoi me forcë në ferr ku e priste shkëmbi i tij.

Kuptohet se Sizifi është heroi absurd. Ai është i tillë si për pasionet, ashtu dhe për vuajtjet e tij. Përçmimi për perënditë, urrejtja e vdekjes dhe pasioni për jetën bënë që të vuajë një dënim të paparë ku e gjithë qënia përpiqet të mos përfundojë asgjë. Ky është çmimi që duhet paguar për pasionet e kësaj bote. Asgjë nuk na thuhet për Sizifin në ferr. Mitet janë bërë për të ndezur imagjinatën. Në mitin e sipërpërmendur shohim vetëm përpjekjet e trupit të tendosur për të ngritur një gur të madh, për ta rrokullisur dhe për t'ju ngjitur pambarim një të përpjete, dallojmë fytyrën e ngërdheshur, faqen e mbështetur te guri, një shpatull nën gurin me baltë rrëshqitëse, një këmbë që e mban, dy duar që e mbërthejnë, sigurinë plotësisht njerëzore të dy duarve të bëra plot baltë. Në mbarim të kësaj përpjekjeje të gjatë, të kufizuar nga hapësira pa qiell dhe koha pa thellësi, qëllimi arrihet. Atëherë Sizifi shikon gurin që në pak sekonda rrokulliset drejt botës së poshtme, nga ku duhet të ngrihet përsëri për në majë. Ai zbret në fushë.

Pikërisht gjatë kthimit, gjatë kësaj pauze, më intereson Sizifi. Një fytyrë që lodhet aq afër gurëve është bërë tashmë gur vetë! E shoh këtë njeri duke zbritur me hap të rëndë e të njëjtë drejt vuajtjes pa fund. Kjo orë që është si një frymëmarrje dhe që përsëritet po me aq siguri sa edhe fatkeqësia e tij, është ora e ndërgjegjes. Në çdonjërin nga këto çaste, kur ai zbret nga maja dhe zhytet në strofkat e perëndive, ai qëndron mbi fatin e vet. Eshtë më i fortë se shkëmbi i tij.

Nëse ky mit është tragjik, kjo ndodh ngaqë heroi i tij është i ndërgjegjshëm. Në të vërtetë, çfarë vlere do të kishte vuajtja e tij, në qoftë se çdo hap do të ushqente shpresën për t'ia dalë mbanë? Punëtori i sotëm punon gjithë jetën në të njëjtin vend pune dhe fati i tij nuk është më pak absurd. Por ai nuk është tragjik, përveç rasteve kur bëhet i ndërgjegjshëm. Sizifi, proletari i perëndive, i pafuqishëm dhe i revoltuar e njeh gjithë shtrirjen e gjendjes së vet të mjeruar: gjatë zbritjes ai mendon për të. Qartësia, e cila duhet t'i shkaktonte vuajtje, realizon, në të njëjtën kohë, fitoren e tij. Nuk ka fat që të mos përballohet me anë të përçmimit.

Kështu, nëse disa ditë zbritja bëhet me dhembje, ajo mund të bëhet gjithashtu me gëzim. Kjo fjalë nuk është e tepërt. E përfytyroj ende Sizifin duke u kthyer te shkëmbi, dhe dhembja është në fillim. Kur pamjet e tokës nguliten fort në kujtesë, kur thirrja për lumturi bëhet shumë e rëndë, ndodh që trishtimi shfaqet në zemrën e njeriut: ky është ngadhënjimi i shkëmbit, është vetë shkëmbi.. Kjo fatkeqësi e pamasë është tepër e rëndë për tu përballuar. Këto janë netët tona të: Getsemanit. Por të vërtetat shtypëse asgjësohen kur bëhen të njohura. Kështu, Edipi i bindet në fillim fatit pa e ditur. Nga çasti kur mëson të vërtetën, fillon tragjedia e tij. Por në të njëjtën kohë, i verbër dhe i dëshpëruar, ai zbulon se e vetmja lidhje e tij me botën është dora e njomë e një vajze të re. Atëherë një e folur e pamasë oshëtin: "Pavarësisht nga vështirësitë e mëdha, mosha ime e thyer dhe madhështia e shpirtit tim më bëjnë të mendoj se gjithçka është mirë". Edipi i Sofokliut, ashtu si Kirilovi i Dostojevskit, na japin formulën e ngadhënjimit absurd. Urtësia e lashtë takohet me heroizmin modern.

Nuk e zbulon dot absurdin pa ngasjen për të shkruar ndonjë doracak për lumturinë. "Ej! Pse në rrugë kaq të ngushta. ..? Por ka vetëm një botë. Lumturia dhe absurdi janë dy fëmijë të së njëjtës botë. Janë të pandashëm. Do të ishte gabim të thoje se lumturia lind detyrimisht nga zbulimi i absurdit. Mund të ndodhë që ndjenja e absurdit të lindë nga lumturia. ...Unë mendoj se gjithçka është mirë", thotë Edipi, dhe kjo fjalë është e shenjtë. Ajo oshëtin në gjithësinë e egërsuar e të kufizuar të njeriut. Ajo na mëson se jo gjithçka është shteruar. Ajo dëbon nga kjo botë një perëndi që kishte hyrë aty me pakënaqësinë dhe shijen e dhembjeve të panevojshme. Ajo e shndërron fatin në çështje njerëzore që duhet të rregullohet midis njerëzve.

Aty qëndron i gjithë gëzimi i heshtur i Sizifit. Fati i vet i përket atij. Shkëmbi është pronë e tij. Po ashtu, njeriu absurd kur këqyr vuajtjen e vet, bën të heshtin të gjithë idolët. Në gjithësinë ku papritur është vendosur heshtja, dëgjohen mijëra zëra të mrekulluar të tokës, thirrjet e pavetëdijshme e sekrete, grishjet nga të gjitha fytyrat janë faqja tjetër dhe çmimi i fitores. Nuk ka diell pa hije, prandaj duhet njohur nata. Njeriu absurd thotë "po", dhe përpjekja e tij nuk rresht kurrë. Në qoftë se ekziston një fat vetiak, nuk mund të ketë fat të lartë ose, të paktën, ekziston vetëm një fat, për të cilin mendohet që është fatal dhe i përçmuar. Për çfarë mbetet, ai e di veten zot të ditëve të tija. Në këtë çast të vështirë kur njeriu kthen sytë nga jeta e vet,. Sizifi duke shkuar drejt shkëmbit, sodit këtë rrjedhë veprimesh pa lidhje që bëhet fati i tij, i krijuar prej tij, i unifikuar nën vështrimin e kujtesës së tij dhe së shpejti i vulosur me vdekjen e tij. Për rrjedhojë, i bindur për origjinën krejtësisht njerëzore të gjithçkaje që është njerëzore, i verbër që dëshiron të shohë dhe që e di se nata nuk ka fund, ai është gjithmonë në udhë. Shkëmbi vazhdon të rrokulliset.

Po e lë Sizifin në këmbët e malit! Gjithmonë takojmë barrën e tij. Por Sizifi na këshillon një besnikëri të lartë, e cila mohon perënditë dhe ngre shkëmbenjtë. Edhe ai mendon se gjithçka është mirë. Kjo gjithësi, këtej e tutje pa zotëri, nuk i duket as shterpë e as boshe. Çdo kokrrizë e këtij guri, çdo ndriçim mineral i këtij mali të zhytur në terr formojnë në vetvete një botë. Vetë lufta drejt majave mjafton për të mbushur zemrën e njeriut. Duhet ta përfytyrojmë Sizifin të lumtur.

APENDIX

Shpresa dhe absurdi në veprën e Franc Kafkës

I gjithë arti i Kafkës është ta detyrojë lexuesin ta rilexojë. Zgjidhjet e tij ose mungesa e zgjidhjeve sugjerojnë shpjegime, por që nuk zbulohen qartë dhe që kanë nevojë për tu dukur të bazuara, që historia të lexohet nga një kënd i ri. Ndonjëherë ka një mundësi të dyfishtë interpretimi, nga ku rrjedh domosdoshmëria e dy mënyrave të të lexuarit. Këtë gjë kërkonte autori. Por do të vepronim gabim sikur të donim të interpretonim gjithçka me hollësi te Kafka. Një simbol është, gjithmonë në përgjithësi dhe, sado e përpiktë të jetë shprehja e tij, një artist mund të japë vetëm lëvizjen: nuk ka shpjegim fjalë për fjalë. Për më tepër, nuk ka asgjë më të vështirë sesa një vepër simbolike. Një simbol e tejkalon gjithmonë atë që e përdor dhe e bën të thotë, në fakt shumë më tepër se mendon që po shprehet. Në këtë drejtim, mjeti më i sigurtë për ta kuptuar është që të mos e provokosh, ti futesh veprës në mënyrë të papërqendruar dhe të mos kërkosh rrjedhat e saj sekrete. Për Kafkën, në veçanti, është e ndershme të pranosh lojën e tij, ta fillosh dramën nga shfaqja dhe romanin nga forma.

Në pamje të parë, dhe për një lexues të zakonshëm, këto janë aventura shqetësuese që zgjojnë personazhe dridhës e këmbëngulës në ndjekjen e problemeve që nuk i formulojnë kurrë. Në "Procesi" Jozef K. akuzohet. Por nuk e di për çfarë. Pa dyshim, ai do të mbrohet, por nuk e di përse. Avokatëve u duket e vështirë çështja e tij. Ndërkohë, ai nuk lë pasdore dashurinë, ushqimin dhe leximin e ditarit. Pastaj gjykohet. Por salla e gjyqit është tepër e errët. Nuk kupton ndonjë gjë të madhe. Vetëm se e merr me mend që e kanë dënuar, por për çfarë, mezi i shkon në mend të pyesë veten. Ndonjëherë dyshon me gjithë mend dhe vazhdon të jetojë. Shumë kohë më vonë, dy zotërinj të veshur mirë e të sjellshëm vijnë ta takojnë dhe e ftojnë që të shkojnë bashkë. Me mirësjelljen më të madhe e çojnë në një lagje periferike të dëshpëruar, ia vënë kokën mbi një gur dhe e therin. Para se të vdesë, i dënuari arrin të thotë "si qen".

99

Shihet që është e vështirë të flitet për simbol në një tregim, ku cilësia më e dukshme është pikërisht të qenët i natyrshëm. Por natyrshmëria është një kategori e vështirë për tu kuptuar. Ka vepra ku ngjarja i duket e natyrshme lexuesit. Por ka të tjera (ç'është e vërteta më të pakta), ku është personazhi ai që i quan të natyrshme ato që i ndodhin. Falë një paradoksi të veçantë, po të qartë, sa më të jashtëzakonshme të jenë aventurat e personazhit, aq më i ndjeshëm do të bëhet karakteri i natyrshëm i tregimit: ai është në përpjesëtim të drejtë me shmangien që mund të ekzistojë midis natyrës së çuditshme të jetës njerëzore dhe thjeshtësisë, me të cilën e pranon njeriu. Duket se kjo natyrshmëri, është e Kafkës. Dhe pikërisht ne e dimë mirë se çfarë do të thotë "Procesi". Është folur për imazhin e gjendjes njerëzore. Pa dyshim. Por njëherësh çështja është edhe më e thjeshtë edhe më e ndërlikuar. Dua të them që kuptimi i romanit është më i veçantë e më vetjak për Kafkën. Në njëfarë mase, është ai që flet edhe kur na bën të rrëfehemi. Ai jeton dhe dënohet. Ai e mëson këtë gjë në faqet e para të romanit që po ndjek në këtë botë, dhe nëse përpiqet të gjejë një zgjidhje, kjo ndodh megjithatë pa u befasuar. Asnjëherë nuk do të çuditet aq shumë nga kjo mungesë habie. Te këto kontradikta shquhen shenjat e para të veprës absurde. Shpirti projekton te konkretja tragjedinë e vet spirituale. Dhe këtë e bën vetëm me anë të një paradoksi të përhershëm që u jep ngjyrave pushtetin të shprehin zbrazëtinë, ndërsa gjesteve të përditshme u jep forcën të pasqyrojnë ambiciet e përjetshme.

Po ashtu, "Kështjella" është ndoshta një teologji në veprim por para së gjithash është aventura vetjake e një shpirti në kërkim të paqes së vet, të një njeriu që u kërkon sendeve të kësaj bote sekretet e tyre mbretërore dhe grave gjurmët e perëndisë që flet brenda tyre. "Metamorfoza", nga ana e vet, krijon, pa dyshim, figurën e tmerrshme të një etike të qartësisë. Por është gjithashtu prodhim i kësaj çudie të pallogaritshme që provon njeriu kur ndien të shndërrohet pa mundim në kafshë. Në këtë dykuptimësi themelore qëndron sekreti i Kafkës. Këto ecejake të përjetshme midis së natyrshmes dhe të jashtëzakonshmes, individit dhe të përbotshmes, tragjikes e së përditshmes, absurdit e logjikës, takohen në të gjithë veprën e tij dhe i japin, njëherësh, kumbimin e kuptimin e saj. Këto paradokse duhen përmendur, këto kontradikta duhen përforcuar me qëllim që të kuptohet vepra absurde.

Një simbol, në fakt, përmban dy plane, dy botë idesh e ndijimesh, dhe një fjalor përkimesh midis njërës e tjetrës. Ky fjalor është e vështirë të hartohet. Por të bëhesh i ndërgjegjshëm për dy botët të futura në kontakt do të thotë të hysh në rrugën e marrëdhënieve të tyre sekrete. Te Kafka, këto dy botë janë ato të jetës së përditshme, nga njëra anë, dhe të shqetësimit të mbinatyrshëm, nga ana tjetër. Duket se gjendemi para një përdorimi të pambarim të fjalës së Niçes: "Problemet e mëdha janë në rrugë".

Në gjendjen njerëzore, dhe kjo takohet rëndom në të gjitha letërsitë, ka një absurditet themelor në të njëjtën kohë me një madhështi të pacënueshme. Të dyja, siç është e natyrshme, përputhen. Të dyja pasqyrohen, e përsërisim, në divorcin qesharak që ndan teprimet tona të shpirtit dhe gëzimet kalimtare të trupit. Absurdi bën që shpirti ta tejkalojë pa masë trupin. Ai që do të donte të përfytyronte këtë absurditet duhet ta kërkojë në një lojë kontrastesh paralele. Në këtë mënyrë, Kafka shpreh tragjedinë nëpërmjet përditshmërisë dhe absurdin nëpërmjet logjikës1.

Një aktor i jep më shumë forcë një personazhi tragjik kur ruhet të mos e ekzagjerojë. Nëse është me masë, tmerri që do të mbjellë do të jetë i pamasë. Tragjedia greke, nga kjo pikëpamje, është e pasur me mësime. Në një vepër tragjike, fati ndihet më shumë kur merr pamjen e logjikës dhe të së natyrshmes. Fati i Edipit është i parathënë. Është vendosur nga perënditë që do të kryejë vrasje dhe incest. E gjithë përpjekja e dramës është të tregojë sistemin logjik, i cili nga deduksioni në deduksion do të konsumojë fatkeqësinë e heroit. Vetëm paralajmërimi i këtij fati të pazakonshëm nuk është aspak i tmerrshëm, sepse është i pabesueshëm. Por nëse domosdoshmëria e këtij fati na tregohet në kuadrin e jetës së përditshme, (shoqëri, shtet, emocione të njohura), atëherë tmerri konsolidohet. Në këtë revoltë që shkund njeriun dhe që e bën të thotë: "Kjo gjë nuk është e mundur" gjendet siguria e dëshpëruar që kjo gjë është e mundur.

Këtu është sekreti i tragjedisë greke ose, të paktën, një nga aspektet e saj. Por ka dhe një aspekt tjetër që, nëpërmjet një metode të kundërt, do të na lejonte të kuptonim më mirë Kafkën. Zemra njerëzore ka një prirje të papëlqyeshme për të përfillur si fat vetëm atë gjë që e shtyp. Por edhe lumturia, sipas mënyrës së vet, është e paarsyeshme, meqënëse është e pashmangshme. Megjithatë, njeriu bashkëkohor ia vesh vetes meritën e saj, kur nuk e lë në harresë. Përkundrazi, do të kishte shumë gjëra për të thënë për fatet e privilegjuara në tragjedinë greke dhe për beniaminët e legjendës, si Ulisi, që mu në mes të aventurave më të mëdha ia del mbanë po vetë.

Në të gjitha rastet nuk duhet të harrojmë bashkëfajësinë e fshehtë, e cila, në situata tragjike, lidh të logjikshmen me të përditshmen. Ja përse Zamza, heroi i "Metamorfozës" është përfaqësues tregtar. Ja përse e vetmja gjë që e mërzit në aventurën e pazakonshme të shndërrimit të tij në krimb është se padroni do të jetë i pakënaqur nga mungesa e tij. Putrat e antenat që i mbijnë, kurrizi që i kërruset, pikat e bardha të shpërndara në bark – nuk them se këto nuk e çudisin, përndryshe do të humbte efekti – por e gjithë kjo i shkakton një "shqetësim të lehtë". I gjithë arti i Kafkës përmblidhet në këtë nuancë. Në veprën e vet qendrore "Kështjella", hollësitë e jetës së përditshme dalin në plan të parë dhe, megjithatë, në këtë roman të çuditshëm ku asgjë nuk shkon deri në fund dhe ku gjithçka nis nga e para, pasqyrohet aventura thelbësore e një shpirti në kërkim të paqes së vet. Këtë shndërrim të problemit në veprim, këtë përkim të të përgjithshmes me të veçantën e takojmë gjithashtu në artificat e thjeshta të çdo krijuesi të madh. Te "Procesi", heroi mund të quhej Shmid ose Franc Kafka. Por quhet Jozef K... Nuk është Kafka dhe megjithatë është ai. Është një evropian mesatar. Është si gjithë të tjerët. Por është gjithashtu njësia K që shtron X- in e këtij ekuacioni prej mishi e gjaku.

Nga ana tjetër, nëse Kafka do që të shprehë absurdin, duhet të përdorë arsyen. Dihet historia me të çmendurin, i cili po peshkonte në një vaskë; një mjek i cili kishte metodat e veta të trajtimit psikiatrik, i thotë: "Po sikur të të kafshojnë?" I çmenduri i përgjigjet: "Por jo, more budalla, kjo është vaskë". Kjo histori është e natyrës baroke. Por aty ne e kuptojmë në mënyrë të prekshme se sa i lidhur është absurdi me një logjikë të skajshme. Bota e krijuar nga Kafka është, në të vërtetë, një gjithësi e papërshkrueshme ku njeriu i krijon vetes mundësinë torturuese të peshkojë në një vaskë, megjithëse e di që nuk ka si të kapë peshq.

Unë e konsideroj këtë një vepër absurde në parimet e saj. Për "Procesin", për shembull, mund të them me siguri se suksesi është i plotë. Mishi dhe gjaku ngadhënjejnë. Asgjë nuk mungon, as revolta e pashprehur (është ajo që shkruan), as dëshpërimi i ndërgjegjshëm e i pagojë (është ai që krijon), as kjo liri mahnitëse në sjellje që karakterizon personazhet deri në vdekjen përfundimtare.

Megjithatë, kjo botë nuk është aq e mbyllur sa duket. Në këtë gjithësi pa përparim, Kafka do të fusë shpresën në një formë të veçantë. Nga kjo pikëpamje, "Procesi" dhe "Kështjella" ndryshojnë. Ata plotësojnë njëritjetrin. Përparimin e pandjeshëm që mund të dallojmë nga njëri te tjetri duhet ta përfytyrojmë si një fitore të stërmadhe në botën e arratisjes. "Procesi" shtron një problem që "Kështjella", në njëfarë mase, e zgjidh. Libri i parë përshkruan, sipas një metode pothuajse shkencore, dhe nuk jep asnjë përfundim. I dyti, në njëfarë mase, shpjegon. "Procesi" përcakton diagnozën, ndërsa "Kështjella" përfytyron një kurim. Por ilaçi që rekomandohet këtu nuk të shëron. Ai vetëm se e përfshin sëmundjen brenda jetës normale. Ai të ndihmon ta pranosh. Në njëfarë kuptimi, (kjo të kujton Kierkegardin), ai të bën ta duash atë. Gjeometri K... nuk mund të përfytyrojë ndonjë shqetësim tjetër përveç atij që e bren. Ata që i rrinë përqark bien në dashuri me këtë boshllëk e me këtë dhembje që nuk ka emër, sikur vuajtja të kishte këtu një pamje të privilegjuar. "Sa nevojë kam për ty i thotë, Frida K... Qëkur të kam njohur sa të vetmuar e ndiej veten, kur ti nuk je pranë meje". Ky ilaç i panjohur që na bën të duam atë që na shtyp dhe që bën të lindi shpresa në një botë pa shpresë, ky "hop" papritur, nëpërmjet të cilit ndryshon gjithçka, është sekreti i revolucionit ekzistencial dhe i vetë "Kështjellës".

Të pakta janë veprat që në metodën e tyre janë më të përpikta sesa "Kështjella". K... emërohet gjeometër i kështjellës dhe vjen në fshat. Por nga fshati është e pamundur të komunikohet me kështjellën. Në qindra faqe, K... do të ngulmojë të gjejë rrugën, do të bëjë të gjitha përpjekjet, hile e dredhi, nuk do të mërzitet kurrë dhe me një besim të pashembullt do të përpiqet të shkojë në vendin e punës që i kanë caktuar. Çdo kapitull është një dështim. Por dhe një fillim nga e para. Nuk është fjala për logjikë, po për këmbëngulje, shtrirja e madhe e kësaj kokëfortësie përbën tragjiken e veprës. Kur K... telefonon në kështjellë, dëgjon zëra të shumtë e të paqartë, qeshje të mbytura dhe thirrje të largëta. Kjo gjë mjafton për t'i ngjallur shpresën, në mënyrë të ngjashme me disa shpresa që shfaqen në qiejt verorë, ose me premtimet e mbrëmjes për të cilat jetojmë. Këtu takojmë sekretin e melankolisë së veçantë të Kafkës. E ngjashme, ç'është e vërteta, me atë që thithim në veprën e Prustit ose në personazhet plotiniane: nostalgjia për parajsat e humbura. "Bëhem shumë melankolike thotë Ollga, kur Barnabe më thotë në mëngjes se do të shkojë në Kështjellë; kjo rrugë, me sa duket, e panevojshme, kjo ditë, me sa duket, e humbur, kjo shpresë, me sa duket e kotë". "Me sa duket" përfaqëson një nuancë ku bazohet e gjithë vepra e Kafkës. Por pavarësisht nga kjo, kërkimi i së përjetshmes është këtu tepër i përpiktë. Dhe personazhet e Kafkës, si automatë të frymëzuar, na krijojnë përfytyrimin për gjendjen tonë, pasi të privoheshim nga angazhimet tona të përditshme dhe të nënshtroheshim tërësisht para poshtërimeve hyjnore.

Te "Kështjella", ky nënshtrim ndaj së përditshmes, shndërrohet në etikë. K... ka shumë shpresë të arrijë që Kështjella ta adoptojë. Meqë vetëm nuk ia del dot mbanë, i përqendron të gjitha përpjekjet e veta që të meritojë besimin për tu bërë banor i fshatit dhe t'i shpëtojë pozitës së njeriut të huaj ku gjendet në sytë e të gjithëve. Ai kërkon të sigurojë punë, strehë, një jetë të një njeriu normal e të rregullt. Nuk mund t'i bëjë më dot ballë çmendurisë së vet. Do që të jetë i arsyeshëm.

Mallkimin e veçantë që e bën të huaj për fshatin, kërkon ta heqë qafe. Në këtë drejtim, episodi i Fridës është mjaft domethënës. Kjo grua që ka njohur një nga funksionarët e Kështjellës, bëhet e dashura e tij vetëm për shkak të së kaluarës së saj. Ai gjen tek ajo diçka që është më e fortë se ai, në të njëjtën kohë, që është i ndërgjegjshëm për çka e bën të padenjë për Kështjellën. Kjo na kujton dashurinë e pashembullt të Kierkegardit për Rexhina Olsenin. Te disa njerëz, zjarri i përjetësisë që i tret është, aq i fortë saqë djegin edhe zemrën e atyre që u rrinë përqark. Gabimi i kobshëm që bëjmë kur i japim zotit atë që nuk i takon, është gjithashtu subjekt i këtij episodi të "Kështjellës". Por për Kafkën, duket se nuk bëhet fjalë për ndonjë gabim. Kjo është një doktrinë dhe një "hop". Gjithçka i përket Zotit.

Më domethënës është fakti se gjeometri ndahet nga Frida për tu afruar me motrat Barnabe. Kjo ndodh ngaqë familja Barnabe është e vetmja që është braktisur nga Kështjella dhe vetë fshati. Amalia, motra e madhe, nuk ka pranuar kërkesat e turpshme që i bënte një nga funksionarët e Kështjellës. Mallkimi imoral që vijoi, e largoi përgjithmonë nga dashuria e Zotit. Të mos jesh i aftë të humbësh nderin tënd për Perëndinë do të thotë të jesh i padenjë për faljen e saj. Shquajmë këtu një temë të zakonshme për filozofinë ekzistenciale: e vërteta e papajtueshme me moralin. Këtu gjërat shkojnë larg, sepse rruga që bën heroi i Kafkës, nga Frida te motrat Barnabe, është e njëjtë me rrugën që shkon nga dashuria plot besim deri te hyjnizimi i absurdit. Edhe këtu, mendimi i Kafkës takohet me Kierkegardin. Nuk ka asgjë për tu çuditur që "tregimi i Barnabesë" gjendet në fund të librit. Përpjekja e fundit e gjeometrit është të takojë zotin, falë gjithçkaje që e mohon, ta gjejë jo sipas kategorive tona të së mirës e të së bukurës, por prapa pamjeve të zbrazura e të shëmtuara të indiferencës, të padrejtësisë dhe të urrejtjes së tij. Ky i huaj që i kërkon Kështjellës ta adoptojë është në fund të udhëtimit të tij edhe më i huaj, meqë këtë radhë ai është i pabesë me vetveten dhe sepse ai braktis moralin, logjikën e të vërtetat e arsyes për të mundur të hyjë, i armatosur vetëm me shpresën e tij të paarsyeshme, në shkretëtirën e bekimit hyjnor.

Fjala shpresë këtu nuk është qesharake. Përkundrazi, sa më tragjike të jetë gjendja, për të cilën flet Kafka, më e ngurtë dhe provokuese bëhet kjo shpresë. Sa më shumë "Procesi" të duket me të vërtetë absurd, aq me tepër "hopi" entuziast i "Kështjellës" duket prekës dhe i paligjshëm. Këtu ne gjejmë, në gjendje të pastër, paradoksin e mendimit ekzistencial, ashtu siç e ka shprehur, për shembull, Kierkegardi: "Duhet të godasim për vdekje shpresën tokësore, vetëm atëherë do të shpëtojmë në sajë të shpresës së vërtetë", dhe që mund ta përkthejmë kështu: "Duhet të kesh shkruar "Procesin" për të punuar për "Kështjellën".

Shumica e atyre që kanë folur për Kafkën e kanë përkufizuar, në të vërtetë, veprën e tij si një klithmë dëshpëruese ku asnjë rrugëdalje nuk i lihet njeriut. Por ky përfundim duhet të rishikohet. Ka shpresë e shpresë. Vepra optimiste e Henri Bordosë më duket veçanërisht shkurajuese. Kjo ndodh sepse asgjë nuk mendohet për zemrat disi të vështira. Përkundrazi, mendimi i Malrosë mbetet gjithmonë fuqidhënës. Por në të dy rastet, nuk është fjala për të njëjtën shpresë, as për të njëjtin dëshpërim.

Nga kjo kuptoj se vetë vepra absurde mund të çojë në pabesinë që unë dua të shmang. Vepra që ishte veçse një përsëritje pa rëndësi e një gjendjeje shterpë, një ekzaltim pa iluzion i së përkohshmes, këtu shndërrohet në djep iluzionesh. Ajo shpjegon, i jep formë shpresës. Krijuesi nuk mund të ndahet më prej saj. Ajo nuk është loja tragjike që duhej të ishte. Ajo i jep kuptim jetës së autorit.

Në të gjitha rastet, është e çuditshme, që vepra me frymëzim të ngjashëm si ato të Kafkës, Kierkeqardit apo Shestovit, ato, me pak fjalë, të romancierëve e filozofëve ekzistencialë, tërësisht të orientuara drejt absurdit e rrjedhojave të tij, mbyllen, në fund të fundit, me një klithmë të fuqishme shprese.

Ata përqafojnë Zotin që i përpin. Shpresa depërton nëpërmjet nënshtrimit, sepse absurdi i kësaj jete i siguron më tepër për realitetin e mbinatyrshëm. Nëse rruga e kësaj jete të çon te Zoti, paska, pra, një zgjidhje. Dhe vendosmëria, këmbëngulja, me të cilat Kierkegardi,

Shestovi dhe heronjtë e Kafkës përsërisin itinerarin e tyre, janë një garanci e përveçme e pushtetit ekzaltues të kësaj sigurie.

Kafka nuk i njeh Perëndisë së vet madhështinë morale, vërtetësinë, mirësinë, koherencën, por këtë e bën që të mbështetet më mirë në krahët e saj. Absurdi njihet e pranohet, njeriu i nënshtrohet dhe, nga ky çast, ne e dimë që absurdi nuk është më i tillë. Në kufijtë e gjendjes njerëzore, a ka shpresë më të madhe se ajo që të ndihmon t'i shpëtosh kësaj gjendjeje? E përsëris, në kundërshtim me opinionin e zakonshëm, që mendimi ekzistencial është brumosur me një shpresë të pamasë me atë që së bashku me Kristianizmin e hershëm dhe parashikimin e lajmit të mirë, ngritën në këmbë botën e lashtë. Por në këtë hop që karakterizon çdo mendim ekzistencial, në këtë këmbëngulje, në këtë matje hapësire të një perëndie pa sipërfaqe, si të mos shquash shenjën e një qartësie që vetëmohohet. Duam vetëm që të jetë një krenari që përulet për të shpëtuar. Ky vetëmohim do të jetë i begatë. Por kjo nuk sjell asnjë ndryshim. Në sytë e mi nuk zvogëlohet aspak vlera morale e qartësisë, edhe po të themi se është shterpë si çdo krenari, sepse edhe një e vërtetë, me përkufizim, është shterpë. Kështu janë gjithë gjërat e dukshme. Në një botë ku gjithçka merret e mirëqenë dhe asgjë nuk shpjegohet, begatia e një vlere ose një metafizike është një nocion pa kuptim.

Në të gjitha rastet, shohim se cilës traditë mendore i përket vepra e Kafkës. Do të ishte marrëzi, në fakt, që ta përfillnim si të përpiktë përçapjen që të çon nga "Procesi" te "Kështjella". Josef K... dhe gjeometri K... janë vetëm dy polet që tërheqin Kafkën. Do të flisja si ai dhe do të thoja që vepra e tij nuk është ndoshta absurde. Por kjo nuk na pengon të shohim madhështinë dhe universalitetin e saj. Këto vlera krijohen ngaqë ka ditur të përfytyrojë me aq shumë hapësirë kalimin e përditshëm nga shpresa te dëshpërimi dhe nga urtësia e dëshpëruar në verbërinë e vullnetshme.

Vepra e tij është e përbotshme (një vepër, me të vërtetë absurde nuk është e përbotshme), në atë masë që aty ravijëzohet fytyra prekëse e njeriut që arratiset nga njerëzimi, që zbulon në kontradiktat e veta arsye për të besuar, arsye për të shpresuar në dëshpërimet e tij pjellore dhe që quan jetë përvojën e tmerrshme të vdekjes. Ajo është e përbotshme sepse është me frymëzim fetar. Si në të gjitha fetë, njeriu çlirohet aty nga pesha e jetës së vet. Por nëse unë e di këtë gjë, nëse mund ta admiroj, e di gjithashtu që nuk kërkoj atë çfarë është e përbotshme, por atë që është vërtetë. Këto të dyja nuk mund të përputhen.

Do ta kuptonim më mirë këtë mënyrë trajtimi nëse them që mendimi me të vërtetë dëshpërues përkufizohet pikërisht me anë kriteresh të kundërta dhe që vepra tragjike mund të jetë ajo, e cila, në kushtet kur çdo shpresë e ardhshme ka marrë arratinë, përshkruan jetën e një njeriu të lumtur. Sa më ekzaltuese është jeta, aq më absurde është ideja se mund ta humbësh. Këtu është, ndoshta, sekreti i kësaj shterpësie të madhërishme që ndiejmë në veprën e Niçes. Në kësisoj idesh, Niçja duket se është i vetmi artist që ka shkuar deri në rrjedhojat e skajshme të një estetike të absurdit, meqë mesazhi i tij i fundit qëndron në një qartësi shterpë e ngadhënjyese dhe në një mohim të vendosur të çdo ngushëllimi të mbinatyrshëm.

Ato që kemi thënë, deri tani do të ketë mjaftuar për të zbuluar rëndësinë e madhe të veprës së Kafkës në kuadrin e kësaj eseje. Këtu jemi vendosur në kufijtë e mendimit njerëzor. Duke i dhënë kësaj fjale kuptimin e vet të plotë, mund të themi se gjithçka në këtë vepër është thelbësore. Në të gjitha rastet, ajo shtron problemin e absurdit në tërësinë e vet. Nëse këto përfundime do t'i përqasnim me vërejtjet e mia fillestare, brendia e formës, kuptimi sekret i "Kështjellës", i artit të natyrshëm, në të cilin rrjedh, kërkimi i pasionuar e kryelartë nga ana e K... i dekorit të përditshëm për ku drejtohet, do të na ndihmojnë të kuptojmë se çfarë është madhështia e tij, sepse nëse nostalgjia është shenjë e njerëzores, askush ndoshta nuk i ka dhënë aq mish e shpirt fantazmave të keqardhjes. Por në të njëjtën kohë, do të dallojmë se drejt çfarë madhështie të përveçme synon vepra absurde dhe që ndoshta ajo nuk gjendet këtu. Nëse detyra e artit është të bashkojë të përgjithshmen me të veçantën, përjetësinë e zhdukshme të një pike uji me lojën e dritave të saj, është edhe më e vërtetë të vlerësohet madhështia e shkrimtarit absurd nga distanca që ai di të krijojë midis këtyre dy botëve. Sekreti i tij është që të dijë të gjejë pikën e saktë ku ato bashkohen në shpërpjesëtimin e tyre më të madh.

Dhe për të thënë të vërtetën, këtë vend gjeometrik të njeriut dhe të jonjerëzores, zemrat e kulluara dinë ta gjejnë kudo. Nëse Fausti e Don Kishoti janë krijime të shkëlqyera arti, kjo ndodh për shkak të madhësive të pamasa që ata na tregojnë me duart e tyre tokësore. Megjithatë, vjen gjithmonë një çast ku mendja mohon të vërtetat që këto duar mund të prekin. Vjen çasti ku krijimi nuk merret tragjikisht: vetëm se merret seriozisht. Atëherë njeriu i kushton vëmendje shpresës. Por kjo nuk është puna e tij. Puna e tij është të braktisë djallëzinë. Ndërkaq, në përfundim të procesit të rreptë që Kafka i bën mbarë gjithësisë takojmë njeriun. Më në fund, verdikti i tij i pabesueshëm e shfajëson këtë botë të shëmtuar e trondítëse, ku edhe urithët kanë të drejtë të shpresojnë.

Për mua "Miti i Sizifit" shënon fillimin e një ideje që do të ndiqja në librin "Rebeli". Libri përpiqet të zgjidhë problemin e vetëvrasjes, ndërkohë "Rebeli" përpiqet të çfajësojë atë nga vrasja, në të dyja rastet pa ndihmën e vlerave të përjetshme të cilat, përkohësisht ndoshta, mungojnë ose shtrembërohen në Evropën bashkëkohore. Tema themelore e "Mitit të Sizifit" është kjo: është legjitime dhe e nevojshme të pyesim veten nëse jeta ka një kuptim; prandaj është legjitime të zgjidhet problemi i vetëvrasjes ballë për ballë. Përgjigja, që qëndron në themel dhe shfaqet përmes paradoksave që e mbulojnë është kjo: edhe nëse nuk beson Zot, vetëvrasja nuk është legjitime. Shkruar pesëmbëdhjetë vjet më parë, në 1940, mes fatkeqësisë franceze dhe evropiane, ky libër deklaron që edhe brenda kufijve të nihilizmit është e mundur të gjenden mjetet për të vazhduar përtej nihilizmit. Në të gjithë librat që kam shkruar që atëherë, unë jam përpjekur të ndjek këtë drejtim. Edhe pse "Miti i Sizifi" paraqet probleme të vdekshme, ai përmbledh veten si një ftesë e qartë për të jetuar dhe krijuar, në mes të shkretëtirës.

Prandaj është menduar e mundshme t'i bashkëngjis këtij argumenti filozofik një seri esesh, të një lloji që nuk kam pushuar kurrë së shkruari, të cilat janë disi margjinale për librat e mi të tjerë. Në një formë më lirike, të gjitha ilustrojnë atë luhatje thelbësore nga pëlqimi në refuzim që, sipas meje, përcakton artistin dhe misionin e tij të vështirë. Uniteti i këtij libri, që unë do të doja të ishte i dukshëm për lexuesit amerikanë siç është për mua, qëndron në një reflektim, alternuar të ftohtë dhe të pasionuar, në të cilin një artist mund të kënaqet me arsyet e tij për të jetuar dhe krijuar. Pas pesëmbëdhjetë vjetësh kam përparuar përtej disa pozicioneve të cilat janë shkruar këtu; por unë kam qëndruar besnik për urgjencën që i nxiti. Kjo është arsyeja pse kjo hyrje është në një farë kuptimi më personale nga ato që kam botuar në Amerikë. Më shumë se të tjerët, prandaj, ajo ka nevojë për kënaqësinë dhe mirëkuptimin e lexuesve të saj.

— *Alber Kamy, Paris, Mars 1955*

Kamy, Alber
Miti i Sizifit
Botimi I
5′ x 8′ – 119f

www.librashqip.al